Musik in der Medizin

Sidney Licht

Writat

Diese Ausgabe erschien im Jahr 2024

ISBN: 9789359945156

Herausgegeben von
Writat
E-Mail: info@writat.com

Inhalt

VORWORT

Wenn ich den Standpunkt eines Musikers zu einem so spezifischen Thema wie „Musik in der Medizin" darlege, halte ich es für notwendig, zunächst den Status der Musik als unabhängige ästhetische Kunst und ihre praktische Anwendung für bestimmte utilitaristische Zwecke zu klären. Wir müssen den aktiven individuellen Prozess des künstlerischen Schaffens klar von den Elementen der passiven Wahrnehmung und von den Auswirkungen trennen, die eine solche Wahrnehmung haben kann, wenn sie aus verschiedenen realistischen Gründen angewendet wird.

Ästhetisch gesehen ist Musik als Kunst ein sozialer „Überbau", der für den individuellen kreativen Akt eine abstrakte Manifestation des menschlichen Geistes und der Vorstellungskraft bleibt. Ihre Existenz als schöpferische Kunst ist nur möglich, solange die praktischen „Möglichkeiten" und Potentialitäten ihrer Wirkungen in der Phase der passiven Wahrnehmung nicht in ihren Charakter als absolut nicht-utilitaristisches Phänomen in den Prozessen der Kunst eindringen und diesen beeinträchtigen kreativ kunst. Kunst ist ihrem Wesen nach ein Produkt der Individualität. Im Gegensatz zum anonymen Handwerk besteht die Hauptanforderung an ein ästhetisch künstlerisches Produkt, das das Vorhandensein professioneller Fähigkeiten und Kenntnisse voraussetzt, darin, dass es sich um das Werk eines menschlichen Organismus handelt, der über akzeptable Qualifikationen der Berufung und des Ausdrucks verfügt. Wir haben diesem Attribut Namen gegeben wie Talent, Genie, Vorstellungskraft und viele andere. Dieses Phänomen der spezifischen Prädestination muss auch von einer charakteristischen Eigenschaft begleitet sein, die solche Namen wie Persönlichkeit, Individualität oder Originalität erhalten hat. Es ist offensichtlich, dass diese Grundlagen des künstlerischen Schaffens jede allgemeine oder universelle Herangehensweise an die kreativen Prozesse verhindern, die mit Ausnahme rein technischer und formaler Elemente des Handwerks und des gemeinsamen Ausdrucks eines bestimmten Stils das Muster und bestimmte utilitaristische Ziele ausschließen. Bei all diesen Faktoren geht es offensichtlich nur um das lebendige Moment der Musikkunst im Wesen und in der Genese der individuellen Schöpfung.

Obwohl Musik als kreative Manifestation des menschlichen Geistes nicht auf eine soziale oder utilitaristische Funktion abzielt, können ihre materialisierten Ergebnisse dennoch eine breite Anwendung in der vielfältigen Nutzung dieses Aspekts der passiven Wahrnehmung finden. Diese passive Wahrnehmung regt eine aktive Teilnahme des Zuhörers an, bei dem sie bestimmte emotionale Reaktionen und mentale Modulationen hervorrufen kann. Wenn wir uns Musik als die vollendete Schöpfung eines Geistes vorstellen, können wir verstehen, wie ihre Wahrnehmung einen echten Einfluss auf die Stimmung des Zuhörers haben kann und dass sie in die gewünschten Richtungen gelenkt werden kann, was die Form von Anpassung und Anpassung annimmt. Dies kann trotz der Vielfalt von Geschmäckern und Reaktionen sicherlich mit wissenschaftlichen Methoden in Grenzen verallgemeinert werden.

Obwohl ich nicht glaube, dass Musik aus rein utilitaristischen Gründen geschrieben werden sollte (und ich spreche nicht von den materiellen Vorteilen, die sie dem Künstler bringen kann, sondern von der Ästhetik kreativer Kunst), sehe ich keinen Grund dafür, eine Komposition nicht so praktisch zu nutzen Vorteil, den seine Anwendung bieten kann. Musik als *Kunstanwendung* ist seit der Antike in vielen verschiedenen Rollen bekannt, von denen nicht alle so lobenswert und edel sind wie ihre Verwendung in der Heilung. Seine Eigenschaft der melodischen Ausdehnung, des treibenden Charakters, der rhythmischen Vitalität, der nervösen Beharrlichkeit, der harmonischen Komplexität, der Entwicklung eher in der Zeit als im Raum, sein Reichtum an Stimmungen (die von statischer Ruhe bis zu wildem Überschwang mit einer enormen Bandbreite an Zwischeneindrücken reichen, selbst in seiner abstrakten Form Charakter eines rein organisierten Klangs) löst beim Zuhörer eine Reaktion aus, die in erster Linie psychologischer und emotionaler Natur ist, die jedoch häufig die Physiologie und das Nervensystem beeinflusst.

Der Einsatz von Musik bei der Arbeit, bei Märschen, zur Stimulierung von Massenstimmungen oder emotionalen Einflüssen (Patriotismus, Krieg usw.), zur Unterhaltung, zum Vergessen, zur Stimmungsänderung, zur Stimmungserzeugung und als Hintergrundmusik für Filme ruft realistische Reaktionen hervor, wobei Musik eher wegen ihrer Wirkung als wegen ihres intrinsischen Werts eingesetzt wird. Es ist daher keine Überraschung, dass der angewandte Einsatz von Musik (die nichts mit dem aktiven Prozess künstlerischer Schöpfung zu tun hat) bei der Pflege und Behandlung des kranken Geistes und Körpers zum Einsatz kommt. Ich weiß nicht, welche subjektiven Reaktionen sich aus rein physikalischen Phänomenen wie Vibrationen und Harmonien ergeben, aber ich bin überzeugt, dass Zuhörer physiologisch und psychisch von musikalischen Eigenschaften wie Stimmung, Intensität, Tonhöhe und rhythmischer Umriss beeinflusst werden. Ich denke, dass die richtige Musik bei einem Geisteskranken leichter Erinnerungen und Assoziationen von Gedanken und Situationen hervorrufen sollte als Methoden, die auf faktischer Überzeugung beruhen. Musik kann den realistischen Ansatz vermeiden und durch ihre absolute Progression abstrakt eine Vertrautheit mit der Situation nachbilden, was sich im Umgang mit Geisteskranken als äußerst nützlich erweisen kann. Durch das Hervorrufen einer gewünschten Stimmung kann es dem Arzt eine

Methode zur Behandlung von Krankheiten bieten, die so wichtig sind wie Schockzustände, und ein Ergebnis erzielen, das auf keine andere Weise erreicht werden kann. Für einen Musiker, der sich mit Medizin und Pathologie überhaupt nicht auskennt, scheint dieser Nutzen offensichtlich und unbestreitbar. Dr. Licht hat dieses Thema gründlich untersucht und einige der vielen Einsatzmöglichkeiten von Musik in der geistigen und körperlichen Pathologie aufgezeigt. Die Arbeit, die auf wissenschaftlicher Forschung und klinischer Erfahrung beruht, ist äußerst beeindruckend und ermutigend. Wenn wir als Musiker unseren Beitrag zu einem so wunderbaren Zweck wie der Heilung leisten können, wäre dies sicherlich unsere glorreichste Errungenschaft für die Menschheit und der edelste Einsatz unserer Kunst.

Aber, wie gesagt, ästhetisch gesehen sollte nicht das Ziel, sondern die Wirkung der Kunst berücksichtigt werden. Würde *der angewandte Gebrauch* statt der Schöpfung an Bedeutung gewinnen, würde die Kunst ihre wesentlichen Eigenschaften verlieren und zu einer gesellschaftlichen Manifestation der Massenproduktion statt zu einem abstrakten Phänomen werden. Es könnte sich vielleicht eine Zeit lang als nützlich erweisen, aber indem es jene ursprünglichen Elemente verliert, die seine eigene Existenz bedingen, würde es auch die *Wirkungen verlieren*, die seine Verwendung nicht nur in der Medizin, sondern auch in anderen wichtigen Richtungen hervorruft. Die Wirkung der Musik wird sich zum Wohle der Menschheit nur dann zufriedenstellend entfalten, wenn ihr ihre normale Entfaltung ermöglicht wird, unabhängig von den Beweggründen und deren Rechtfertigung. Auf lange Sicht wird es im praktischen Sinne eine größere und bessere Verwendung finden, wenn seine Schaffung nach traditionellen Maßstäben fortgesetzt wird und nicht in den trügerischen Kanal der anonymen Massenproduktion umgeleitet wird, was zum Verlust des eigentlichen Nutzens und der ästhetischen *Daseinsberechtigung führt* .

Es ist wahrscheinlich, dass wissenschaftliche Forschung und klinische Erfahrung die Produktion von Musikkompositionen motivieren werden, die für bestimmte Patientengruppen konzipiert sind. Dies erfordert viel Geschick, handwerkliches Können, die Gabe, etablierte Muster anzupassen und zu assimilieren, sowie disziplinierte Vorstellungskraft, aber die Schaffung solch geplanter utilitaristischer Werke wäre ohne die Fortführung der Musik als eigenständige Kunst, die durch ihre eigenen emotionalen und emotionalen Fähigkeiten aktiviert wird, nicht möglich spirituelle Reaktion und Freude. Es darf kein Derivat existieren und sich durch Unterdrückung der Quelle weiterentwickeln, die es kontinuierlich durch sein eigenes Wachstum und durch die Erhaltung seiner individuellen Eigenschaften ernähren muss.

Musik als Kunst hat ihre eigenen inneren Gesetze der Schöpfung und traditionellen Entwicklung. Diese Gesetze sind nicht zufällig, sondern organisch und können nicht verletzt werden, ohne sich selbst zu zerstören. Folglich können die wohltuenden Wirkungen der Musik nur dann für praktische Zwecke genutzt werden, wenn ihre Integrität vor externen Eingriffen geschützt ist, und sei es nur vorübergehend, und wenn das Element der sozialen Nützlichkeit den kreativen Prozess nicht beeinflusst.

Die Kriterien künstlerischer und praktischer Werte stimmen nicht unbedingt überein. Der künstlerische Wert wird nur durch die Zeit definiert, der praktische Wert ist eine Frage der gegenwärtigen Nützlichkeit. Werke von großem künstlerischem Wert können nützlich sein, während einfache „Hits", die innerhalb kurzer Zeit in Vergessenheit geraten, äußerst nützlich sein können, und deshalb müssen die beiden Konzepte unterschieden werden. Michelangelos *Medici-Grab* oder eine Bach- *Messe* sind im praktischen Sinne des Werkes völlig nutzlos, und die meisten erfolgreichen „Hits" sind völlig frei von jeglichem künstlerischen Wert oder Originalität. Doch beide Arten befriedigen die spezifischen Bedürfnisse derer, die das Fehlen einer von beiden beklagen würden. Dabei handelt es sich um eine Frage des Geschmacks, des Bildungshintergrunds, der Musikkultur und anderer Faktoren, die meiner Meinung nach für den klinischen Einsatz von Musik von Bedeutung sind. Patienten reagieren bevorzugt auf die Musik, die sie mögen, unabhängig von Stimmung, Tempo, Rhythmus und Tonhöhe.

Aber Klassifizierungen sind immer gefährlich. Gute Musik ist nicht unbedingt nutzlos, und nützliche Musik ist nicht unbedingt schlechte Musik. Das ewige Prinzip von *Suum Cuique* ist das Prinzip des individuellen menschlichen Geschmacks, der zwar in ungefähre Kategorien eingeteilt, aber ohne künstliche Einmischung externer Faktoren nicht standardisiert werden kann. Dasselbe Prinzip gilt sicherlich für Musik als Heilmittel, bei der die Auswahl von der Wissenschaft bestimmt werden sollte, wir uns aber gleichzeitig bemühen müssen, die Forschungsergebnisse an die individuellen Vorlieben normaler Personen anzupassen.

Alexandre Tansman
Los Angeles, Januar 1946

EINFÜHRUNG

Mitte des 18. Jahrhunderts gab es in Paris zwei prominente Männer, deren Konflikt typisch für die kontroverse Natur des als Musiktherapie bekannten Fachs war. Der Abbé Nollet war zu seiner Zeit nicht nur einer der bedeutendsten Geistlichen Frankreichs, sondern auch der berühmteste seiner Physiker. Er hatte einige ausgezeichnete Modelle von Maschinen gebaut, die statische Elektrizität erzeugten, hatte aber keine medizinische Ausbildung. Etwa zu dieser Zeit war das Thema statische Elektrizität in ganz Westeuropa sehr populär geworden. Mehrere Ärzte behaupteten, dass es bei der Behandlung vieler Krankheiten von großem Nutzen sei. Sie sagten insbesondere, dass es Lähmungen heilte. Der Abbé Nollet schrieb ein Buch über statische Elektrizität und berichtete darin von den Fällen, die er damit geheilt hatte. Der prominenteste Arzt in Paris war Doktor Louis, der Chefarzt des Salpêtrière-Krankenhauses war, dem größten und bekanntesten Krankenhaus Frankreichs. Dr. Louis versuchte, die von Nollet versprochenen Heilungen zu wiederholen, konnte jedoch bei keinem der Patienten, die er statischer Elektrizität aussetzte, Erfolg erzielen. Er veröffentlichte die Geschichte seines Scheiterns, was Abbé Nollet so erregte, dass er einen ganzen Band schrieb, in dem er Dr. Louis verurteilte. Anstatt die Fähigkeit von Dr. Louis zu widerlegen, Lähmungen zu diagnostizieren und eine Heilung zu beurteilen, gipfelte er in seinen Ausführungen mit der klassischen Frage an den Arzt: „Ist Elektrizität Ihr Fachgebiet?" [61]

Seit vielen Jahrhunderten behaupten Philosophen und Musiker, dass sie Geisteskrankheiten durch Musik heilen können. Manchmal nennen sie diese Methode auch Musiktherapie. Obwohl die Ärzte diesen Musikern vielleicht sagen würden, dass Therapie definitiv nicht in die Zuständigkeit von Musikern fällt, ist es unwahrscheinlich, dass ein Musiker heutzutage den Mut hätte, Ärzte zu fragen: „Ist das Ihr Fachgebiet?"

Eine gründliche Untersuchung der Medizingeschichte zeigt, dass fast alle Phänomene und Substanzen irgendwann einmal ausprobiert wurden, um Krankheiten zu bekämpfen. Viele dieser Mittel wurden aufgegeben, als sie für eine anspruchsvollere Zivilisation unmodern wurden oder von einer gebildeteren Generation als ungesund erkannt wurden. Die Tatsache, dass nur wenige einfach wegen ihrer Wirkungslosigkeit aufgegeben wurden, zeigt sich an der großen Zahl von Quacksalber-Allheilmitteln, die sich unter Unwissenden immer noch großer Beliebtheit erfreuen, und an den unmöglichen Behauptungen hochorganisierter Kulte, die in diesem Land immer mehr Anhänger und Mitglieder haben. Heilmethoden, die auf der Verwendung von Kräutern basieren, weil diese direkt aus der Natur kommen, oder die phantasievolle Vorstellung, dass alle Krankheiten aus eingebildeten Verschiebungen der Wirbelsäule entstehen, sind immer noch auf dem Vormarsch. Das liberale System, das wir Demokratie nennen, hat ihr Wachstum nicht nur zugelassen, sondern ihre naive und geniale Entwicklung auch belohnt. Die Enthüllung der betrügerischen Methoden ist wenig sinnvoll, da die Mentalität, die so anfällig für verzerrte Argumente ist, auf aufklärende Anleitung schlecht oder sogar feindselig reagiert.

Es gibt jedoch bestimmte wertvolle Aspekte der Kräuter- und Wirbelsäulenlehre, die von angesehenen Ärzten teilweise ignoriert wurden, da diese Ideen eng mit der Kultpraxis verbunden sind.

Trotz einer lebhaften Wiederbelebung der Bewegung zur Etablierung eines auf Musik basierenden Heilsystems gibt es viele wertvolle Einsatzmöglichkeiten von Musik in der Medizin, denen ein ähnliches Schicksal drohen könnte, wenn nicht eine kritische Analyse des Wertes von Musik als therapeutisches Mittel vorgenommen wird, bevor die Musiktherapie die zweifelhafte Auszeichnung erhält, als Heilkult eingestuft zu werden.

Dieses Buch wurde mit dem Ziel geschrieben, das, was den Patienten gut tut, für die Medizin zu bewahren und Musikern unter ärztlicher Anleitung dabei zu helfen, Kranken mit Hilfe der Musik zu helfen.

Primitive Völker auf der ganzen Welt verwenden Musik noch immer in Verbindung mit der Heilkunst. Dies ist natürlich ein Hinweis darauf, dass sie sie wahrscheinlich schon seit mehr Jahrhunderten verwenden, als in den Seiten der geschriebenen Geschichte festgehalten ist. Antike Zivilisationen brachten Musik häufig mit dem Göttlichen in Verbindung, legten aber weniger Wert auf ihre Verbindung mit Heilung. Trotzdem schrieben die Hebräer der Musik heilende und inspirierende Kräfte zu [7], wie aus der folgenden Stelle in der Heiligen Schrift hervorgeht: „Und es geschah, als der böse Geist von Gott über Saul kam, da nahm David eine Harfe und spielte mit seiner Hand; so erquickte sich Saul und es ging ihm besser, und der böse Geist wich von ihm." [63]

Für die Griechen, denen wir den Ursprung des Wortes Musik verdanken, diente Apollo als Gott sowohl der Medizin als auch der Musik, und es gab einige unter ihnen, die den Einsatz bei geistigen und körperlichen Krankheiten vorschlugen. „Platon und Aristoteles behaupteten, dass der dorische Stil als männlich, energisch und angemessen für den perfekten Bürger angesehen wurde; das Phrygische machte sie eigensinnig und das Lydische beinhaltete Weiblichkeit und träge Moral. Die Moden asiatischen Ursprungs galten als geeignet für Bankette." Fünfhundert Jahre vor der Geburt Christi gründete Pythagoras [11] eine Bruderschaft, „die auf Musik als Lebensmittel und moralischer Erhebung beruhte". [70] Der Einfluss der Musik war bei den Griechen so groß, dass es nicht verwunderlich ist, dass sie sie in allen Lebensbereichen, einschließlich der medizinischen Behandlung, nutzten. Das Ausmaß, in dem sie und die Völker, die ihnen folgten, Musik auf diese Weise nutzten, wird im ersten Kapitel ausführlicher erörtert.

Nicholas Murray Butler sagte einmal: „Ein Experte ist jemand, der immer mehr über immer weniger weiß." An dieser scherzhaften Definition ist viel Wahres dran. In der antiken Zivilisation waren so wenige Fakten bekannt, dass es einigen Gelehrten möglich war, sich das gesamte verfügbare Wissen anzueignen. Die professionellen Denker oder Philosophen waren vergleichsweise gut mit Biologie, Recht, Musik, Medizin, Regierung und Theologie vertraut und konnten über die meisten dieser Gebiete ohne weiteres kompetent schreiben. Einige der wichtigen Entdeckungen in den Künsten und Wissenschaften wurden von Männern gemacht, die in völlig anderen Bereichen ebenso bekannt waren. Noch in der Römerzeit schrieb Celsus eine Reihe von Büchern zu verschiedenen Themen, von denen jedes so umfassend war, dass es als Autorität auf seinem Gebiet galt. Um ein Beispiel zu nennen: Die zehn Bände über Medizin wurden für die nächsten tausend Jahre als Evangeliumstext akzeptiert. Obwohl Spezialisierung in der antiken Gesellschaft bekannt war, beruhte sie eher auf individuellem Willen als auf einer grundlegenden Ausbildung in Fakten. Im Laufe der Zeit entwickelte sich immer mehr Wissen, bis ein einzelner Band nicht mehr alle bekannten Fakten einer Wissenschaft enthalten konnte und aus Kapiteltiteln Buchtitel wurden. Man kann wirklich von Fortschritten im Wissen sprechen, wenn Bücher zu Themen geschrieben werden, über die man vorher nur einen Satz hätte schreiben können, aber das Wissen schritt bis zum 15. Jahrhundert nur sehr langsam voran. Die Renaissance in Kunst und Wissenschaft entwickelte sich gleichzeitig in einem relativ kleinen Gebiet. Die Renaissance der Medizin und der Musik fand im 15. und 16. Jahrhundert in Italien statt. Hier behauptete die Instrumentalmusik ihre Bedeutung gegenüber der Vokalmusik, und genaue Beschreibungen der menschlichen Anatomie ersetzten schließlich die alten irrigen Vorstellungen. Beide dieser Veränderungen waren für den Fortschritt in diesen Bereichen notwendig, aber der Fortschritt verlief in beiden Bereichen langsam, weil die Menschen immer zögern, neue Konzepte zu akzeptieren. Einzelne mögen intellektuell fortschrittlich sein, aber die Menschen finden Sicherheit und Trost in etablierten Sitten und Bräuchen, sei es in der Musik oder in der Medizin. Glücklicherweise schrieben einzelne weiterhin über neue Entdeckungen und in neuen Redewendungen, und das Gute wurde von einigen wenigen in derselben Generation und von mehr in den folgenden Generationen akzeptiert. Aber jeder weitere Schritt war mühsam, und es war genauso schwierig, die neue Generation zu beeinflussen wie die alte.

Mit dem Wissenszuwachs kam es zu einer zunehmenden Spezialisierung, und die Männer verstanden weniger von Themen, die nichts mit ihrem eigenen zu tun hatten. Als die rollende Masse der Bildung wuchs, löste sie tangentiale

Informationsmengen aus, die sich immer weiter voneinander entfernten, und erst vor relativ kurzer Zeit haben diese divergierenden Linien begonnen, sich einander anzunähern und gegenseitige Hilfe anzubieten. Die Musik, die Kunst, fand die Notwendigkeit der Akustik, der Wissenschaft. Die Industrie hat die Bedeutung von Farbe und Form erkannt und die Regierung war gezwungen, Mathematik anzuwenden. Es gab eine Zeit, in der solche Kombinationen als fantasievoll galten; Jetzt sind sie unverzichtbar.

Musik und Medizin haben im Laufe der Jahrhunderte gelegentlich Kontakt gehabt, aber keiner von beiden hat den anderen um Hilfe gebeten. Musiker und Ärzte sind unabhängige Menschen, die keine Einmischung von außen dulden. Es gibt auf beiden Seiten Menschen, die gegen ihre Verbindung protestieren würden, nicht so sehr aus Sorge um das eheliche Glück, sondern wegen möglicher Nachkommen und unerwünschter Verwandter. Die Medizin hat nie abgelehnt, etwas auszuprobieren, das Leiden lindern oder Krankheiten heilen könnte, aber sie hat unbegründete Behauptungen oder geheime Heilmittel ignoriert und wird dies auch weiterhin tun. Um akzeptabel zu sein, müssen therapeutische Maßnahmen auf alle Leidenden anwendbar sein und die Zutaten müssen allen qualifizierten Medizinern zur Verfügung stehen. Ärzte bestehen darauf, dass therapeutische Methoden unter ihrer Anleitung verabreicht werden und behalten sich das Recht vor, ihre Ergebnisse zu bewerten. Nur sehr wenige Ärzte haben Einwände gegen die Verwendung von Musik für und durch ihre Patienten, aber viele lehnen es ab, diese Verwendung Musiktherapie zu nennen. Wenn der Musiker von dem Wunsch entflammt ist, Musik für Patienten zu machen, besteht kein Grund, darauf zu bestehen, dass dies anders als Musik bezeichnet wird – vorausgesetzt natürlich, dass es Musik ist. Ärzte raten Patienten nicht davon ab, ihnen Freundlichkeit zu zeigen oder ihnen persönliche Aufmerksamkeit zu schenken. Sie möchten, dass sie saubere Bettwäsche und aufgeschüttelte Kissen haben, bestehen aber darauf, dass solche Verfahren Pflege und nicht Therapie genannt werden, unabhängig davon, wie viel Freude sie dem Patienten bereiten. Es gibt viele Einsatzmöglichkeiten für Musik in der Medizin und insbesondere in Krankenhäusern. Wenn man die Anzahl und Vielfalt der Krankenhäuser in diesem Land bedenkt, ist es schwer, sich eine Art von Musik vorzustellen, die nicht in mindestens einem von ihnen ihren Platz finden könnte. Aus Gründen, die Musikern offensichtlicher erscheinen als Ärzten, wurde Musik in der Vergangenheit jedoch fast ausschließlich bei Patienten eingesetzt, die an psychischen Erkrankungen litten. In den letzten Jahrzehnten haben Krankenhäuser der Musik zunehmend Aufmerksamkeit geschenkt und in einigen Fällen beeindruckende Programme entwickelt.

1944 schickte der National Music Council Fragebögen an mehr als dreihundert Krankenhäuser, die psychiatrische Störungen behandelten, und erhielt von zweihundert davon Antworten. Eine Zusammenfassung der

Umfrage wurde von ihnen unter dem Titel „Der Einsatz von Musik in Krankenhäusern für Geistes- und Nervenkrankheiten" veröffentlicht, und einige der in dieser Broschüre enthaltenen Informationen werden für diejenigen von Interesse sein, die diesen Aspekt der Musik als Karriere in Betracht ziehen. Fast alle psychiatrischen Kliniken verwenden Musik in irgendeiner Form. In der Hälfte von ihnen beteiligen sich die Patienten stimmlich oder instrumental an der Musik. In vielen Krankenhäusern nimmt der Einsatz von Musik zu und in einigen ist er umfassend. Etwa ein Viertel der Krankenhäuser verfügt über Haushaltsmittel für Musik, derzeit sind diese Mittel jedoch nicht groß.

Die meisten Krankenhäuser suchen neben ihrem Stammpersonal nach musikalischen Mitarbeitern; aber einige haben Musikorganisationen konsultiert. Ausgebildete Musiker könnten denken, dass Krankenhäuser sich für diese Art von Unterstützung eher an Musikschulen wenden würden, aber in den meisten Fällen haben nur wenige Musikschulen das Studium dieses Fachs offen gefördert – obwohl die Hälfte aller Musikschulen das Studium dieses Fachs offen gefördert hat Die befragten Krankenhäuser gaben an, dass sie zusätzliches Fachpersonal gebrauchen könnten.

Von größerem Interesse für diejenigen, die Musikassistenten in Krankenhäusern werden möchten, sind möglicherweise die von den Krankenhausbehörden geäußerten Meinungen zu den wichtigsten Qualifikationen, die ihrer Meinung nach Musikarbeiter in psychiatrischen Kliniken haben sollten. Es muss jedoch berücksichtigt werden, dass an Krankenhäuser übermittelte Fragebögen nicht einheitlich beantwortet werden und jede Umfrage dieser Art mit Vorsicht interpretiert werden muss. Wenn Fragebögen an Krankenhäuser gesendet werden, gehen sie in der Regel zunächst durch die Hände des Direktors oder Superintendenten, der als Individuum und nicht nach einem festgelegten Muster reagiert. Einer wird das Papier seiner Sekretärin zur Beantwortung übergeben; ein anderer gibt es an einen Arzt, eine Krankenschwester oder einen Ergotherapeuten weiter. In vielen Fällen werden die Antworten vom Krankenhausmusiker ausgefüllt, und manchmal, wenn der Superintendent ausreichend interessiert ist, kann er sie auch selbst beantworten. Jede Person, der der Fragebogen vorgelegt wird, kann die Verantwortung für die Beantwortung auf einen Untergebenen übertragen, wenn dieser zu beschäftigt ist, um ihn selbst auszufüllen. Die Unterschrift am Ende des zurückgesendeten Fragebogens dient in der Regel eher der Zustimmung als der Urheberschaft. In Umfragen sollten die Titel der Befragten aufgeführt sein. Dies war nicht der Fall. Selbst wenn dies der Fall wäre, müssten die oben genannten Möglichkeiten in Betracht gezogen werden. Dennoch werden die aufgeführten Qualifikationen daraufhin überprüft, ob sie dem angehenden Krankenhausmusiker helfen können.

Die Mehrheit war sich einig, dass Musikkenntnisse erforderlich waren. Dabei wurden nicht nur alle Phasen der Musik genannt, sondern einige empfahlen auch die Fähigkeit, intelligente Musikauswahlen zu treffen und kommerzielle Tonanlagen zu bedienen. Erfahrung im Musikunterricht, insbesondere im Klavierunterricht, stand ganz oben auf der Liste der gewünschten Fähigkeiten, und die Fähigkeit, Gesang zu dirigieren, stand sogar noch höher.

Viele Krankenhäuser betonen die Bedeutung einer „gesunden Persönlichkeit", aber dieser Begriff lässt sich nicht richtig definieren. Allerdings wurden folgende Eigenschaften genannt: emotionale Stabilität, Geduld, Kultiviertheit, Freundlichkeit, Ruhe und Sinn für Humor. Weitere Empfehlungen, die der Mitarbeiter mitbringen sollte: Vorstellungskraft, Taktgefühl, Rücksichtnahme, Energie, Ausdauer, Aufrichtigkeit, Kooperationsbereitschaft, Anpassungsfähigkeit und Verständnis für die menschliche Natur. Im letzten Kapitel dieser Arbeit wird eine realistischere Herangehensweise an dieses Thema angeboten.

Eine abschließende Einschränkung wird noch erwähnt, die am ernstesten zu nehmen ist, nämlich dass der Musiker, der mit Geisteskranken arbeitet, „einen eindeutigen Drang haben sollte, psychisch Kranken zu helfen". Darüber hinaus sollte er über praktische Kenntnisse über Krankenhausabläufe und den Umgang mit psychiatrischen Patienten verfügen oder diese erhalten.

Aus diesen Kommentaren der Krankenhausleitung und den jüngsten Entwicklungen in den Einrichtungen des Landes kann man mit Recht davon ausgehen, dass die Nachfrage nach angemessen ausgebildeten Musikassistenten in Krankenhäusern steigen wird. Einige Krankenhäuser werden einen oder mehrere Vollzeitkräfte suchen, andere einen Teilzeitmitarbeiter . Das bedeutet, dass einige Musiker ihr Einkommen aufbessern können, indem sie sich von Krankenhäusern in ihrer Umgebung Teilzahlungen sichern. Die Höhe der Vergütung richtet sich nach der Größe des Krankenhauses, seiner Ausstattung und seinem Einkommen. Für einen Musiker wird dies nie eine Quelle des Wohlstands sein, aber es kann eine Überbrückung in den harten Anfangsjahren oder eine dauerhafte Anstellung für diejenigen sein, die die Sicherheit einer regulären Anstellung suchen.

Manche Leute besetzen Positionen, für die sie sich nur durch Einfluss qualifiziert haben; in den meisten Fällen aber erhalten die Leute die besten Positionen, die sich die größte Mühe gegeben haben, eine hervorragende Ausbildung zu erhalten. Der Student der Krankenhausmusik sollte sich auf seine Arbeit ebenso ernsthaft vorbereiten wie auf jeden anderen Aspekt der Musik. Unabhängig von seinen anderen Qualifikationen muss er natürlich ein Musiker sein, und ein Abschluss in Musik ist wertvoll; eigentlich fast unerlässlich. Die Fähigkeit, ein zweites Instrument auch nur einigermaßen gut zu spielen, ist nützlich. Die universelle Anziehungskraft und die Vorteile des Klaviers machen praktische Kenntnisse wichtig. Der Musikassistent sollte entweder Klavier vom Blatt spielen können oder er sollte eines der Schnellunterrichtssysteme für Klavier studieren, denn er wird nicht nur dazu aufgefordert, Gruppengesang zu begleiten, sondern auch Künstler zu unterstützen, die zu Besuch kommen, oder talentierte Patienten.

Obwohl Grundkenntnisse in klassischer Musik zu jeder guten musikalischen Ausbildung gehören, ist ein Musiker, der die Bedeutung der Popmusik im amerikanischen Leben nicht anerkennt, für diese Arbeit nicht geeignet. Wenn er eine ausgesprochene Abneigung gegen Popmusik hat, sollte er sich nach anderen Feldern umsehen. Er muss nicht alle Arten des modernen Jazz spielen können, aber er sollte mit dem üblichen Jargon des Jazz vertraut sein und die Unterschiede zwischen diesen sogenannten Musikformen kennen. Sein Musikgeschmack muss nicht katholisch sein, aber seine Haltung gegenüber dem Geschmack anderer muss aufgeschlossen sein.

Die mechanische Wiedergabe von Musik entwickelt sich sehr schnell, daher sollten die technischen Aspekte der Musik kurz besprochen werden. Kenntnisse über Plattenspieler, Plattenschneider, Nadeln, Klangregelung und Verstärkung sind nicht schwer zu erwerben. Zu den Aufgaben eines Musikassistenten kann auch die Überwachung von Plattenschnitten und einer Lautsprecheranlage gehören. In manchen Krankenhäusern kann die Bibliothek mit Musikaufnahmen und Literatur sehr groß sein. Ein Studium der Musikbibliothekswissenschaft spart viel Zeit, und das Studium von Klassifizierungssystemen und Ablage wird ein zusätzlicher Teil der Arbeit eines Musikassistenten.

Meistens nähert sich ein Musiker einem Problem eher emotional als analytisch, und das ist besonders wichtig, wenn es sich bei dem Problem um einen Patienten handelt. Es hat immer Ärzte gegeben und wird sie auch weiterhin geben, die sich aus ehrlicher Überzeugung oder um größeren Ruhmes willen eifrig mit allem Neuen oder Sensationellen verbünden. Musiker, die leidenschaftlich davon überzeugt sind, dass Musik für die Gesundheit notwendig ist, werden daher kaum Schwierigkeiten haben, in den Reihen der Mediziner Mitstreiter zu finden. Musiker müssen sich der Tatsache bewusst sein, dass ihre aufrichtigen Bemühungen nur dazu führen können, dass die Musik als therapeutisches Mittel diskreditiert wird. Infolgedessen kann ihre Akzeptanz als Grundlage für die ihr möglicherweise zugeschriebenen Vorzüge ungerechtfertigt verzögert werden, weil durch übertriebene Behauptungen, die in ihrem Namen aufgestellt werden, Antagonismus hervorgerufen wird.

Es wurde viel über Musik als therapeutisches Mittel geschrieben, und in letzter Zeit gibt es ganze Schulen und Organisationen, die sich der

Musiktherapie widmen. Obwohl es verlockend ist, an einer kommenden Theorie beteiligt zu sein, haben sich nur wenige Ärzte diesen Bemühungen angeschlossen, und was noch schlüssiger ist: Kein Arzt von nationalem Ruf hat sich bisher für den Begriff „Musiktherapie" im Umgang mit psychiatrischen Patienten ausgesprochen.

Der Einsatz von Musik sollte jedoch nicht auf psychiatrische Kliniken beschränkt bleiben. Diejenigen, die Musik für Geisteskranke gespielt haben, sind begeistert von den individuellen Reaktionen, die sie erlebt haben. Die Art dieser Reaktion ist gewecktes Interesse oder Freude. Freude ist ein gesundheitsförderndes Symptom, das alle Patienten erleben können, und diese Freude sollte den Patienten in allen Krankenhäusern zur Verfügung stehen. Viele andere Phasen der Musik sind für den Krankenhausgebrauch adaptierbar und dieses Buch wurde geschrieben, um die vielen möglichen Ansätze zu skizzieren und die wissenschaftliche Grundlage für einige davon zu skizzieren.

Einige der bekannteren Bücher über Musiktherapie, wie das Werk von Hector Chomet, basieren auf den bei einzelnen Patienten beobachteten Wirkungen; andere, wie die Schriften von Eva Vescelius, sind reine Phantasie, die aus ungezügelten Emotionen resultiert. Denn die Wissenschaft wurde erst mit dem Aufkommen psychologischer Untersuchungen angewandt, als der gesunde Menschenverstand aus einem Chaos des Wunschdenkens hervorzutreten begann. Eine der ersten verlässlichen Übersichten zu diesem Thema war die *Psychologie der Musik* von CM Diserens. Seit dem Erscheinen dieses hervorragenden Werks wurden die Passagen, in denen seine Ansichten dargelegt werden, oft zitiert – häufig ohne Quellenangabe. Das Kapitel über Musiktherapie ist aufgrund seiner wissenschaftlichen Geschichte und nüchternen Bewertung von Fakten und Phantasien zu empfehlen.

Dieses Buch wurde für Musiker geschrieben, die lernen möchten, wie sie mit Ärzten für Patienten zusammenarbeiten können. Die Fachterminologie wurde zum besseren Verständnis soweit wie möglich auf einfache Begriffe reduziert, doch eine Zusammenarbeit kann nur gewährleistet werden, wenn der Musiker bereit ist, seine vorgefassten Meinungen zu vergessen und sich an die Entscheidungen des Arztes zu halten, der sich mit Musik möglicherweise nicht so gut auskennt kennt sich aber mit Krankenhäusern und Patienten aus.

Die emotionslose Herangehensweise an dieses Thema ist neueren Ursprungs. In dieser Richtung ist wenig geschrieben worden, und dieses Buch erhebt keinen Anspruch auf Originalität oder Perfektion. Es besteht die Hoffnung, dass es als Leitfaden für weitere Studien und als Hilfe für diejenigen dienen wird, die sich auf dieses noch unbekannte Unterfangen einlassen möchten.

Da Musikern nur wenige Informationsquellen auf diesem Gebiet zur Verfügung stehen und einige Musiker eines Tages den Drang oder das Bedürfnis verspüren könnten, sich an dieser Arbeit zu beteiligen, lud das New England Conservatory of Music den Autor ein, seinen Studenten eine Vorlesungsreihe zu diesem Thema zu halten. Am Ende des Kurses beschlossen sie, diesen Überblick denjenigen anzubieten, die später auf den Inhalt zurückgreifen möchten.

Bei der Vorbereitung dieses Werks hatte der Autor das Glück, einige der führenden Musiker, Musikwissenschaftler und Musikpsychologen des Landes persönlich zu interviewen. Obwohl keine der in diesem Band enthaltenen Aussagen als die Meinung eines dieser Personen zu verstehen ist, möchten wir den folgenden Personen für ihre Bereitschaft zum Gedankenaustausch danken: Dr. Serge Koussevitsky, Herrn Igor Stravinsky, Dr. Harold Spivacke, Dr. James Mursell und Dr. Carroll Pratt.

Der Autor möchte Frau Margaret E. Gurney und Frau Ida Evans für ihre Unterstützung bei der Erstellung des Manuskripts danken.

Der Autor möchte Herrn Clifton Joseph Furness, Direktor für akademische Fächer am New England Conservatory of Music, seinen tiefen Dank für seine Betreuung bei der Herausgabe dieses Buches zum Ausdruck bringen.

SL

FUSSNOTEN:

[ICH.] *Pythagoras kam eines Tages an einer Schmiede vorbei und war beeindruckt von der Schönheit der beiden Geräusche, die er daraus hörte. Er betrat den Laden, studierte die Geräusche genau und stellte fest, dass die beiden Töne eine Oktave voneinander entfernt waren. Diese Beobachtung regte ihn zu einem detaillierten Studium der Musik an, das zu seiner Musikphilosophie führte. Er glaubte, dass alle Natur und jedes Wissen in harmonischen Zahlen enthalten sei und dass die Welt in einem musikalischen harmonischen Einklang geschaffen worden sei. Er erfand eine heilige Quartärzahl harmonischer Zahlen, um die Phänomene des Lebens zu erklären. Aber Roussier glaubte, dass Pythagoras sein System vom Chinesischen übernommen hatte.* [70]

KAPITEL EINS
GESCHICHTE DER MUSIK IN DER MEDIZIN

„Musik steigert jede Freude, lindert jeden Kummer,
vertreibt Krankheiten, mildert jeden Schmerz, unterdrückt die Wut des
Giftes und der Pest, und daher verehrten die Weisen der alten Tage eine
Kraft der Physik, Melodie und des Gesangs."

„ Die Kunst, die Gesundheit zu bewahren "
von John Armstrong (1709-1779)

In vielen Tätigkeitsfeldern taucht gelegentlich ein Gelehrter auf, der nicht
nur einen persönlichen Beitrag zum Wissen und Fortschritt seines Fachs
leistet, sondern auch zuvor gewonnene Informationen so gut
zusammenfasst, dass seine Arbeit gleichzeitig zu einem Meilenstein und
einem Leuchtturm wird. Auf dem Gebiet der Musik war ein solcher Mann
Charles Burney, der 1776 mit der Veröffentlichung einer *„Allgemeinen
Geschichte der Musik"* begann. *Dieses Buch war so gründlich und wissenschaftlich
kritisch, dass seine Konzeption so modern wie morgen ist.* Nachdem er alle Beispiele
für Musik als therapeutisches Mittel aufgelistet hat, kommt er zu dem
Schluss:

„Und doch erfreuen sich die Menschen am Wunderbaren; und viele bigotte
Bewunderer der Antike haben vergessen, dass die meisten der
außergewöhnlichen Wirkungen, die der Musik der Antike zugeschrieben
werden, ihren Ursprung in poetischen Erfindungen und mythologischen
Allegorien haben. Sie sind so weit der Leichtgläubigkeit nachgegeben, dass
sie diese fabelhaften Berichte glauben oder vorgeben zu glauben, um sie
gegen die moderne Musik auszuspielen, die ihrer Meinung nach in einem
Zustand bleiben muss, der der Antike weit unterlegen ist, bis sie alle
Wirkungen entfalten kann, die der Musik von Orpheus, Amphion und
solchen wundertätigen Barden zugeschrieben wurden." [15]

Es ist gut, eine Studie über Musik in der Medizin mit Burneys
zurückhaltendem Enthusiasmus zu beginnen, damit wir nicht den Fehler
begehen, auf dem dünnen Eis ungeprüfter Behauptungen unmögliche
Heiltempel zu errichten. Wir werden mit prähistorischen Zeiten beginnen.

Der Einsatz von Musik gegen Krankheiten ist so alt wie die Musik selbst.
Tatsächlich ist die Frühgeschichte der Musik eng mit Heilung verbunden.
Das Wunschdenken primitiver Völker rief die Hilfe der Magie in Anspruch,
und Magie wird fast überall mit Worten, gesungenen Worten, in
rhythmischen Beschwörungen in Verbindung gebracht. Chateaubriand
glaubte, dass der Gesang das Ergebnis von Gebeten sei. Bei Naturvölkern
vereinte der Medizinmann die Ämter eines Priesters, eines Arztes und eines

Zauberers, und obwohl alle drei Funktionen eng miteinander verbunden waren, waren ihre Funktionen gelegentlich getrennt. Beispielsweise gab es spezielle Lieder zur Beschwörung von Naturphänomenen, für Gruppenaktivitäten und zur Begleitung von Heilritualen. „Der Glaube an die Wirksamkeit musikalischer Magie ist eine der wichtigsten Tatsachen in der Geschichte der Zivilisation." [19]

Obwohl es keine Aufzeichnungen darüber gibt, kann man davon ausgehen, dass sich die alten Bräuche der heutigen wirklich primitiven Völker nicht wesentlich geändert haben und dass sie bis zu einem gewissen Grad dem Status der prähistorischen Menschen ähneln. Die Universalität bestimmter Sitten und Bräuche unter weit verstreuten Stämmen primitiver Völker verleiht dieser Theorie Gültigkeit.

Für solche Studien brauchen wir nicht weiter zu suchen als bis zu unserem eigenen Kontinent. Obwohl bestimmte magische Praktiken gesetzlich verboten sind, zählen die amerikanischen Indianer zu ihren Stammesangehörigen, die sich an Musik erinnern und sie in gewissem Maße immer noch zur Heilung einsetzen. Mehrere Forscher haben sich für diese Studie interessiert, vor allem aber Frances Densmore, die die Lieder vieler Indianerstämme analysiert und aufgezeichnet hat. Bei den Teton Sioux fand sie [21] heraus, dass die Kranken sich an den Medizinmann des Stammes wandten, der über den Fall nachdachte und behauptete, das Heilmittel in Träumen zu finden. „Jede Behandlung der Kranken erfolgte im Einklang mit Träumen." Der Patient wurde dann in ein dunkles Zelt gebracht und der Medizinmann sang sein Traumlied sowie Lieder, die an die heiligen Steine gerichtet waren. Die Verwendung von Kräutern mit magischer Wirkung könnte das Lied begleiten. Ein Beispiel für eines der Lieder, die zur Wundheilung verwendet werden, hat den folgenden Text:

„Seht, das alles ist
etwas Elchartiges, ihr seht, ihr werdet leben."

Wörter wie diese haben eine gewisse Raffinesse, von der wir annehmen können, dass sie eine neuere Entwicklung darstellt.

Seit vielen Jahrhunderten haben Naturvölker unterschiedliche Vorstellungen von der genauen Natur einer Krankheit, aber für viele von ihnen bedeutet dies eine Verbindung zwischen einem dämonischen Geist und Gegengeistern. Es gab viele Methoden, um die bösen Geister auszutreiben. Die Vorstellung, dass Musik in diesen Fällen wirksam sei, hielt sich jahrhundertelang hartnäckig. Martin Luther sagte: „Der Teufel ist ein finsterer Geist und die Musik ist ihm verhasst und vertreibt ihn davon."

Densmore weist darauf hin, dass die Irokesen [22] das Wort *Orenda* verwenden, um den universellen, innewohnenden Geist zu bezeichnen. Die Indianer betrachteten nichts als übernatürlich, wie wir den Begriff verwenden, aber viele Indianer wünschten sich ein *Orenda* , das stärker war als ihr eigenes. Wenn ein Medizinmann begann, einen Kranken zu behandeln, hing das Ergebnis von der Kraft seines *Orenda ab* . *Orenda* konnte in Liedern zum Ausdruck gebracht werden. Diejenigen, deren *Orenda* stark genug war, um wunderbare Dinge zu vollbringen, wurden Medizinmänner genannt. Sie widmeten sich ihrer Arbeit und die Sicherheit, der Erfolg und die Gesundheit ihres Volkes hingen von ihren Bemühungen ab.

Zum Abschluss ihrer Analyse indianischer Medizinlieder kommt Densmore zu dem Schluss, dass diese „das Vertrauen widerspiegeln, das der Medizinmann in seine eigene Kraft empfand und das er seinen Patienten einprägen wollte."

Wallaschek [79] führt viele Beispiele für den heilenden Einsatz von Musik bei primitiven Stämmen auf. Bei den Wasambara in Ostafrika kommt der Arzt mit einer kleinen Glocke in der Hand, die er von Zeit zu Zeit läutet. Der Patient setzt sich vor ihm auf den Boden und der Arzt beginnt in einem singenden Ton zu sprechen: „Dabre, dabre." Er wiederholt dies mehrere Male und der Patient singt eine einfache Antwort. In Australien fand Wallaschek einen Stammesarzt, der ein Bündel Schilf schüttelte, eine Bewegung, die sonst während eines Liedes verwendet wird, um den Takt anzugeben. In Borneo führen die Eingeborenen Rezitative und Lieder auf, um die Seele des Patienten einzufangen, die angeblich vor dem bösen Geist geflohen ist. Die Wallawalla-Indianer in diesem Land glauben, dass Gesang die Heilung eines Patienten beeinflusst, und alle Genesenden werden angewiesen, mehrere Stunden täglich zu singen. In British Columbia singt der Arzt, wenn er den Patienten besucht, während ein Chor von Menschen vor dem Haus ein Lied anstimmt.

Mit dem Anbruch der Zivilisation wurde die intellektuelle Aktivität fortschrittlicher, doch Bräuche lassen sich nur schwer ausrotten.

„Die alten Ägypter nannten Musik ‚Medizin für die Seele' und glaubten an ihre heilende Wirkung. Wir können davon ausgehen, dass die in den medizinischen Papyri enthaltenen Beschwörungsformeln ebenfalls mit der richtigen Stimme ausgesprochen werden mussten und daher ein musikalisches Element enthielten. Die Perser betrachteten Musik als Ausdruck des guten Prinzips Ahura-Mazda und sollen verschiedene Krankheiten durch den Klang der Laute geheilt haben" [24]. „Die Lakedämonier stimmten mit den Ägyptern überein und beschränkten die Besitzer von Musik auf eine Familie, und ihre Priester wurden wie die ägyptischen in Medizin und Musik unterrichtet und in religiöse Mysterien eingeweiht" [28].

Die kriegerischen und moralischen Werte der Musik wurden von den meisten frühen Zivilisationen geschätzt. Sowohl Konfuzius als auch Platon glaubten, dass Musik das sicherste Mittel sei, um die öffentlichen Sitten zu reformieren und auf hohem Niveau zu halten. [25] Obwohl viele Geschichtswerke über die Wirkung von Musik die Schrift als Beweis für die hebräische Verwendung von Musik zur Heilung zitieren, ist die zitierte Passage [63] unterschiedlichen Interpretationen unterworfen. Dort heißt es lediglich, dass Saul, nachdem er Davids Harfenspiel gehört hatte, „erfrischt und wohlauf" war; dies könnte sich eher auf die Linderung von Müdigkeit als auf die Heilung einer Krankheit beziehen.

Die großen Dichter haben immer ihre geliebte Schwester Muse gepriesen. Bei Homer gibt es eine Geschichte, die erzählt, wie die Blutung aus Odysseus' Wunde durch Musik gestillt wurde. [13] Nun ist es sehr gut möglich, dass das Blut des berühmten Kriegers während eines musikalischen Zwischenspiels in seiner Wunde gerann, aber alle Wunden außer denen, die eine große Arterie betreffen, hören nach etwa zwanzig Minuten auf zu bluten. Homer betonte auch, dass gute Musik und Gesang ein Mittel zur Erhebung des Geistes und zur Überwindung von Depressionen der Seele oder des Geistes, von Qualen, Angst, Zorn und Kummer sind. Als Beispiel nennt er die Geschichte, in der Chiron die Kranken mit Melodien heilt. [57] Cato [13] sprach von ausgerenkten Gelenken, die durch die Harmonie von Klängen gelindert wurden. Wir können uns des diagnostischen Scharfsinns des Beobachters nicht sicher sein, aber bei aktiven Menschen ist das häufigste traumatische Gelenkproblem ein „blockiertes" Knie. Die meisten Knie mit geschädigtem Knorpel lösen sich nach einer relativ kurzen Ruhephase. In jedem dieser Fälle war die Musik ein Zufall in der Umgebung. Solche Beobachtungen würden erst dann einen wissenschaftlich-medizinischen Wert erlangen, wenn sie unter identischen oder ähnlichen Bedingungen viele Male wiederholt werden könnten. Das war nicht der Fall.

Wir können nun zu den Episoden zurückkehren, die Burney in seinem Kommentar erzählt. Martianus Capella, ein antiker Autor über Musik, versichert uns: „Ich habe oft Krankheiten des Geistes wie auch des Körpers mit Musik geheilt" [58]. Er behauptete auch, dass die Äsklepiaden, die staatlich anerkannten Priester der Medizin, Taubheit mit dem Klang der Trompete heilten. „Wahrhaftig wunderbar", sagt Burney, „dass derselbe Lärm, der bei dem einen Taubheit verursacht, bei dem anderen ein Spezifikum dafür ist." In Plutarchs Buch *De Musica* wird berichtet, dass der Kreter Thaletas die Lakedämonier durch den Klang seiner Leier von der Pest befreite.

„Thaletas, ein berühmter Lyriker, erschien auf Befehl eines Orakels und alle Lieder, die er sang, waren Gebete an die Götter. Die Krankheit erreichte wahrscheinlich vor seiner Ankunft ihren höchsten Grad an Bösartigkeit und begann mit seiner Ankunft abzuklingen; aber sein Verschwinden wurde der Musik von Thaletas zugeschrieben."

Viele andere Heilmittel werden genannt. Xenokrates nutzte den Klang von Instrumenten zur Heilung von Wahnsinnigen; und Appolonius Dyscolos behauptete, dass Musik ein wirksames Heilmittel gegen Niedergeschlagenheit und Geistesstörungen sei und dass der Klang einer Flöte Epilepsie und Ischias-Gicht heilen könne. Athenaeus machte die Heilung von Gicht sicherer, indem er Musik im phrygischen Ton spielte, während Aulus Gellius darauf bestand, dass die Musik sanft und sanft sei, das Gegenteil des wütenden Phrygischen. Coelius Aurelianus führte ein Konzept ein, das zu mehreren weit auseinander liegenden Zeiten wieder auftauchte. Er nannte es *„loca dolentia decantare "* oder „Verzauberung der ungeordneten Orte". Er behauptete, dass der Schmerz durch eine Vibration der Fasern des betroffenen Teils gelindert würde. Es besteht kaum ein Zweifel daran, dass Musik eine physikalische Schwingung der Luft hervorruft, aber die Kraft, die solche Schwingungen auf die meisten Gewebe haben könnten, ist vernachlässigbar. Andere Autoren empfahlen, das Instrument an den zu behandelnden Teil zu halten, um die Vibrationen direkt zu übertragen. Wenn jedoch körperliche Erregung gewünscht wird, kann dies gleichmäßiger durch Anwendungen erreicht werden, die als Manipulation oder Massage bekannt sind. Es ist bekannt, dass solche Manipulationen bei manchen Erkrankungen hilfreich sind, bei schmerzhaften Erkrankungen wie Ischias jedoch nicht heilend wirken.

Nearchos, der Alexander den Großen auf seinen Eroberungszügen begleitete, berichtete, dass in Indien ein Gesang das einzige Heilmittel gegen den Biss einer Schlange sei [70]. Galen, einer der fundiertesten Ärzte des antiken Roms, empfahl Musik als Gegenmittel gegen den Biss von Vipern und Skorpionen [7], und jahrhundertelang wurde Musik gegen den Biss einer Vogelspinne empfohlen. Im 17. Jahrhundert erklärten drei Ärzte namens Mead, Burette und Baglivi diesen Einsatz von Musik. Sie sagten, dass es den Patienten in einen heftigen Tanzanfall versetzte, der reichlich Schweiß und damit das Gift hervorbrachte. Da der Schweiß aus Wasser und einigen einfachen Salzen besteht, würde eine solche Aktivität die Konzentration des Giftes im zirkulierenden Blut erhöhen, und weder die Erklärung noch die Behandlung sind akzeptabel [28]. Musik wurde nicht nur für die Bisse der Reptilien und Insekten empfohlen; Desault empfahl es zur Behandlung von Hydrophobie [23]. Nicht alle Bisse sind giftig, und es ist wahrscheinlich, dass im Fall der beiden genannten Patienten die Heilung eher auf Schrecken als auf Bisse gerichtet war.

Die Wirkung der Musik auf den Geist war den Alten zu offensichtlich, als dass sie entgehen konnte. Als die griechischen Armeen ins Feld zogen, wurden sie von den besten Musikern begleitet, die den Soldaten durch ihre kriegerischen Klänge eine Art mechanischen Mut einflößten, den ihre Feinde nie erlebt hatten.

Die Unterscheidung zwischen Geisteskrankheit und Geisteszustand war bei den Alten nicht verbreitet, aber sie kannten verschiedene Arten von Geisteskrankheiten wie Delirium, Melancholie und Manie. Viele Ärzte empfahlen Musik zur Behandlung von Geisteskrankheiten, und Quarin sprach von einem einzigen Fall von Epilepsie, der durch Musik geheilt wurde. Mit Ausnahme schwerer Epilepsie haben viele Patienten, die an den so genannten Symptomen leiden, nur gelegentliche Anfälle, die dann spontan verschwinden, sodass die Musik nur ein weiterer Zufall ist.

Celsus, der nicht nur zu seiner Zeit, sondern auch in den folgenden Jahrhunderten eine große medizinische Autorität war, schrieb über Geisteskranke: „Wir müssen ihr dämonisches Lachen beruhigen ... und ihre Traurigkeit durch Harmonie, den Klang von Becken und anderen lauten Instrumenten lindern." [16]. Areteus, ein weiterer großer Arzt des antiken Roms, verordnete Musik gegen „Korybantismus, eine Krankheit der Vorstellungskraft" [24]. Der große niederländische Arzt Boerhaave [11] sagte: „Ich weiß nicht, ob alles, was man uns über Zauber und Zauber erzählt, nicht auf die Wirkung der Musik zurückzuführen ist, mit der sich die alten Ärzte gut auskannten." Es tauchten weiterhin Hinweise auf die magische Beziehung zwischen Musik und Heilung auf. Robert Grosseteste (1175-1253 n. Chr.) sagte, dass Krankheiten und sogar Wunden und Taubheit durch Musik geheilt werden könnten, basierend auf Kenntnissen in Astrologie und Mathematik [75].

Zu Beginn der christlichen Ära wurden die meisten Künste von der Kirche gefördert, und so standen die schönsten Werke der Malerei und Musik dem Durchschnittsbürger nur in Gotteshäusern zur Verfügung. Erst in der Renaissance nahm die ernste Musik einen weltlichen Charakter an. Musik wurde bis dahin weitgehend mit Religion identifiziert und galt als solche mit Einfluss auf die Seele. Bacon vertrat die Gesundheitsregel, dass Menschen „jeden Tag mit einem Stück guter Musik neue Stimmung schöpfen". [13] In seinem *Sylva Sylvarum* ging er noch einen Schritt weiter .

„Angesichts der Tatsache, dass der Geist ein so mächtiger Auslöser für bestimmte Krankheiten ist, sehe ich keinen Grund, warum die Wirksamkeit der Musik nicht bei vielen Störungen der tierischen Konstitution ausprobiert werden sollte; denn Musik komponiert die unregelmäßige Bewegung der

Tiergeister und besänftigt vor allem die übermäßige Leidenschaft von Kummer und Kummer.“ [7]

Die erholsamen und fröhlichen Qualitäten der Musik wurden von Shakespeare gelobt:

„Aber süße Musik kann erkrankten Geistern helfen,
einen verwurzelten Kummer aus dem Gedächtnis reißen, die geschriebenen Sorgen des Gehirns beseitigen und mit ihrem süßen, ahnungslosen Gegenmittel den ganzen Busen von allen gefährlichen Dingen reinigen, die auf dem Herzen lasten.“

schrieb Henry Beacham 1634 in seinem Werk „ *The Compleat Gentleman* “.

„Musik zu machen verlängert das Leben enorm, indem es die Lebensgeister aufwühlt und belebt und eine geheime Sympathie mit ihnen aufbaut. Außerdem öffnet das Singen die Brust und die Ohren. Es ist ein Feind der Melancholie und Niedergeschlagenheit des Geistes, die der heilige Chrysostomus zu Recht als ‚Teufelsbad‘ bezeichnete. Neben dem bereits erwähnten Nutzen des Singens hilft es sehr gut bei einer schlechten Aussprache und deutlichem Sprechen, was ich von vielen großen Theologen bestätigt gehört habe. Ja, ich selbst kenne viele Kinder, denen allein durch das Singen geholfen wurde, ihr Stottern zu überwinden.“

Im Mittelalter wurde das medizinische Wissen nur wenig erweitert, doch während der Renaissance wurden die Ärzte fortschrittlicher und wortgewandter. Zu ihnen gehörte der berühmte Willis, der sagte:

„Musik ist nicht nur eine entzückende Phantasie, sondern vertreibt auch die Traurigkeit aus dem trauernden Herzen; und sie lindert auch fiebrige Leidenschaften und übermäßige Aufregung der Brust.“ [81]

Charakteristisch für den Einsatz von Musik als Heilmittel ist eine von Burney zitierte Anekdote. Farinelli war einer der großen Opernsänger seiner Zeit und sein Ruhm war in ganz Westeuropa und England gleichermaßen groß. Eines der Länder, die er besuchte, war Spanien. „Es wurde oft berichtet und allgemein geglaubt, dass Philipp V., der König von Spanien, von einer völligen *Niedergeschlagenheit heimgesucht wurde* , die dazu führte, dass er sich weigerte, sich rasieren zu lassen, und dass er nicht mehr in der Lage war, am Rat teilzunehmen oder Staatsangelegenheiten zu regeln; Die Königin, die vergeblich alle gängigen Mittel ausprobiert hatte, die zu seiner Genesung beitragen könnten, beschloss, ein Experiment über die Wirkung der Musik auf den König durchzuführen, der für ihre Reize äußerst empfänglich war. Farinelli wurde gerufen und bei seiner Ankunft sorgte Ihre Majestät dafür, dass im Raum neben der Wohnung des Königs ein Konzert stattfinden sollte, bei dem der Sänger eines seiner faszinierendsten Lieder vortrug. Philip wirkte zunächst überrascht, dann bewegt; und am Ende der zweiten Arie ließ er den Virtuosen die königlichen Gemächer betreten. Er überhäufte ihn mit Komplimenten und Zärtlichkeiten und fragte ihn, wie er solche Talente ausreichend belohnen könne, und versicherte ihm, dass er ihm nichts verweigern könne. Farinelli, der zuvor angewiesen worden war, bat Seine Majestät nur darum, seinen Dienern zu gestatten, ihn zu rasieren und anzuziehen, und dass er sich bemühen würde, wie üblich im Rat zu erscheinen. Von diesem Zeitpunkt an wich die Königskrankheit der *Medizin*, und der Sänger hatte alle Ehre, die Krankheit zu heilen. „Der König", so die *Londoner Daily Post* vom 26. September 1736, „zahlte Signor Farinelli eine Rente von 3.150 Pfund Sterling pro Jahr aus, um ihn zu verpflichten, am Hof zu bleiben."

Zahlreiche Hinweise aus dem 16. und 17. Jahrhundert bezeugen die wundersame Wirkung der Musik bei psychischen Störungen. Wilhelm Albrecht [11] berichtete von einem Patienten, der an Melancholie litt. Viele Heilmittel waren ausprobiert worden, als der Arzt als letzten Ausweg verlangte, dass ein bestimmtes *Ritournello* gespielt werde. Sobald der Patient es hörte, begann er lauthals zu lachen und sprang völlig geheilt aus dem Bett. Interessanter ist die Beobachtung von Champlain [17], der nach seiner Rückkehr aus Amerika schrieb: „In Amerika ist es Brauch, Kranke mit lauter Musik abzulenken, um Grübeleien über den Zustand zu vermeiden und so zur Wiederherstellung der Gesundheit beizutragen."

Mozart war nicht der erste, der die Flöte als „magisch" bezeichnete. Demokrit wird die Geschichte zugeschrieben, dass er mit seiner Musik die Pest ausgerottet habe. Jean-Baptiste Porta behauptete, dass man alle Krankheiten mit Musik heilen könne, vorausgesetzt, man verwende eine Flöte aus dem Holz der Pflanze, die als spezifisch für die zu behandelnde Krankheit bekannt sei. So könne man Geisteskrankheiten mit Flöten aus Nieswurzstängeln heilen. Man könne Impotenten mit Flöten aus Orchideenstängeln etwas Kraft zurückgeben und Ohnmacht könne durch das Spielen auf einer Flöte aus Zimtholz geheilt werden. [67]

Philippe Pinel, der Arzt, der als erster psychisch Kranken eine menschliche Behandlung zukommen ließ, berichtete über mindestens einen Fall der Verwendung von Musik bei der Behandlung von Epilepsie.

„Während der Angriffe schien das Gehör keineswegs abgestumpft zu sein, sondern vielmehr geschärft zu werden. Ein geschickter Musiker spielte an der Seite der Patientin während ihres Anfalls auf der Geige. Obwohl sie damals für den Zauber der Musik unempfindlich zu sein schien, war sie von ihr so stark berührt, dass sie, nachdem sie das volle Bewusstsein wiedererlangt hatte, zugab, dass die Musik sie in einen Zustand überwältigender Freude versetzt hatte."

In der Literatur gibt es zahlreiche Berichte über den Einsatz von Musik durch weniger medizinische Fachkräfte. Sauvages [18] erwähnte einen jungen Mann, der intermittierende Fieberanfälle mit heftigen Kopfschmerzen hatte, die nur durch den Klang einer laut gespielten Trommel gelindert werden konnten. Derselbe Patient mochte Musik nicht, wenn er gesund war. Fälle dieser Art können auf der Grundlage einer Gegenreizung erklärt werden, bei der eine neue Störung, die einer alten überlagert ist, ihr entgegenwirken kann.

Im 18. Jahrhundert fasste Brocklesby [13] die bekannte Musikliteratur in Bezug auf Gesundheit und Krankheit zusammen und beurteilte deren Wert angesichts des Status der Medizin zu seiner Zeit angemessen.

Im letzten Jahrhundert interessierte sich Hector Chomet [18] , ein Pariser Arzt, für Musik und ihre Anwendung bei Krankheiten. Er schrieb einen kurzen Artikel, in dem er seine Ansichten darlegte und ihn einer Gruppe von Medizinern in Paris vorlegen sollte, wurde aber immer wieder von seinen Kollegen und politischen Unruhen abgeschreckt. Jedes Mal fügte Chomet, bevor er sein Papier wieder ins Regal stellte, etwas hinzu. Diese Arbeit wurde zum Wichtigsten in seinem Leben, und als er sich nicht länger zurückhalten konnte, veröffentlichte er ein Buch zu diesem Thema, das zwar umfangreiche Recherchen zeigte, aber leider ebenso viele Erfindungen wie Fakten enthielt. Er gab sich nicht mit der bekannten und nachgewiesenen Existenz von Blut und Lymphe als Hauptkörperflüssigkeiten zufrieden, sondern fügte eine weitere hinzu – die „Klangflüssigkeit", die durch die Schwingungen musikalischer Klänge zum Guten oder Schlechten beeinflusst wurde.

Um die Jahrhundertwende führte Eva Vescelius, eine Frau von großem Charme, Schönheit und Ausdauer, unter Anleitung eines Arztes den Einsatz von Musik bei Geisteskrankheiten wieder ein. Es besteht kaum ein Zweifel daran, dass sie vielen Patienten große Freude bereitet hat, es muss jedoch zwischen persönlicher Betreuung und Therapie unterschieden werden. In ihren Werken [78] zu diesem Thema kann man begeisterte Berichte über vergangene Auftritte lesen, doch leider sind ihre Erklärungen und Behauptungen reine Fantasie, nämlich:

„Bei Fieber, hohem Puls oder Hysterie die Aufmerksamkeit fesseln, sanft und rhythmisch spielen, um Puls und Atmung zu normalisieren. Tests mit Instrumenten werden beweisen, dass Musik dies kann. Wechseln Sie nicht zu abrupt von einer Tonart zur anderen; modulieren und pausieren und den musikalischen Eindruck auf sich wirken lassen. Wählen Sie Lieder aus, die grüne Felder und Weiden, den kühlen, fließenden Bach, den Flug der Vögel, den blauen Himmel und das Meer darstellen.

„Angst wird durch Musik zerstreut, die im Zuhörer das Bewusstsein des alles umhüllenden Guten weckt. Eine hohe Nervenspannung wird abgebaut und die Nerven entspannen sich unter dem Zauber einer Komposition, die den Körper in normale rhythmische Bewegung versetzt. Träge Zustände von Körper und Geist werden durch den rhythmischen Walzer, die Polka oder die Mazurka beseitigt – Musik, die das motorische System beeinflusst. Schlaflosigkeit wird durch das Schlummerlied, die Nocturne oder das spirituelle Lied geheilt, das einem den göttlichen Schutz zusichert.“

Der Einsatz von Musik in Krankenhäusern ist keineswegs auf die Behandlung von Geisteskrankheiten beschränkt. Um Langeweile zu vermeiden, ist auch Erholung nötig, denn wie Shakespeare sagte:

„Süße Erholung ist verwehrt, was folgt
dann außer trüber Trübsal und dumpfer Melancholie, ähnlich grimmiger
und trostloser Verzweiflung, und ihr auf den Fersen eine gewaltige
Infektionswelle aus blassen Fieberanfällen und Lebensfeinden.“

Der Einsatz von Musik als Ablenkung in Krankenhäusern erhielt im Ersten Weltkrieg einen großen Aufschwung, erlebte aber mit der Einführung des tragbaren Nachttischradios seinen größten Fortschritt.

Der Einsatz von Musik als Übung für schlecht bewegliche Gelenke und geschwächte Muskeln ist neu und hat seinen großen Aufschwung wohl im Zweiten Weltkrieg erhalten (beschrieben in der Boston Sunday Post, 11. Februar 1945; A-5).

KAPITEL ZWEI
PHILOSOPHIE UND PSYCHOLOGIE DER MUSIK

ICH

Im Bereich des Denkens finden Meinungen und Theorien manchmal erst dann Glaubwürdigkeit, nachdem sich herausgestellt hat, dass sie falsch sind. Im Bereich der Künste können sich Meinungen so stark verfestigen, dass es gelegentlich Widerstand gegen alle analytischen Versuche gibt, sie zu widerlegen, und selbst nachdem sie entlarvt wurden, wird es eine beträchtliche Anzahl von Menschen geben, die weiterhin an sie glauben . Der Künstler, der Musik für Patienten machen möchte, muss an ein solches Unterfangen mit umfassendem Wissen über die beteiligten Elemente herangehen und sollte bereit sein, die Vorurteile, Bräuche und Gedanken über die Auswirkungen von Musik auf den menschlichen Körper anzuerkennen, die von Fachleuten gefördert wurden. Bedeutung, aber fehlgeleitet, Enthusiasten. Wir müssen zwischen der Philosophie der Ästhetik und der bewährten Psychologie der Musik unterscheiden. Musiker, die sich weigern, Ergebnisse wissenschaftlicher Forschung zu akzeptieren, die nicht mit ihren persönlichen Ansichten übereinstimmen, werden in die gleichen Schwierigkeiten geraten, mit denen in der Vergangenheit so viele Musiker zu kämpfen hatten, die Patienten helfen wollten.

Vor dem Aufkommen der Laborpsychologie gab es keinen zufriedenstellenden Test für die Theorien, die sich mit Musik und dem Geist beschäftigten, und die Zahl und Vielfalt der aufgestellten Theorien war groß. Einige der unvernünftigsten waren die attraktivsten, und es ist leicht zu verstehen, warum sie akzeptiert wurden. Aber wenn eine dieser Theorien als Mittel zur Erreichung eines wissenschaftlichen Ziels verwendet wird, kann sie keinen zuverlässigen Erfolg haben, wenn sie nicht fundiert ist.

Die psychologischen Auswirkungen von Geräuschen können physiologischer oder intellektueller Natur sein. Sie können einerseits mit Intensität, Qualität oder Richtung zusammenhängen, andererseits mit früheren oder gegenwärtigen mentalen Assoziationen. Für den primitiven Menschen ist Donner, der von überall her zu kommen scheint und lauter ist als alles, was er hervorbringen kann, furchterregend und übernatürlich; das Rascheln von Blättern wird häufig vom Wind verursacht, kann aber aus seiner Erfahrung auch die Angst vor dem herannahenden Feind auslösen. Geräusche sind aufgrund ihrer Eigenschaften oder Implikationen oft furchterregend.

Die psychologische Reaktion auf die Art von Geräuschen, die man als Musik bezeichnet, kann von der reflexartigen Panik, die durch die Luftschutzsirene ausgelöst wird, bis zur beruhigenden Wirkung eines leise gesungenen Schlafliedes reichen. Bei manchen Menschen lösen bestimmte Musikstücke fast keine Reaktion aus, während bei anderen eine wirklich erstaunliche Kette von mentalen Bildern entsteht. Letztere Reaktion ist das Ergebnis einer jahrhundertelangen Evolution in der Entwicklung von Musik und Wissen und wird später besprochen.

Im Laufe der modernen Entwicklung der Musikkomposition wurden viele neue Formen mit beschreibenden Namen entwickelt. Einige dieser Formen konditionierten den informierten Zuhörer durch ihr besonderes Tempo, ihre Dynamik oder ihren Titel auf eine mentale Einstellung, die mit der Absicht des Komponisten übereinstimmte. Manche Entscheidungen wirken aufgrund der Art ihrer Ausführung anregend oder fördern die Ruhe. Oberflächlich betrachtet könnte es daher so aussehen, als könne die kontrollierte Gabe von Musik bei Zuhörern nach Belieben gewünschte Stimmungen hervorrufen, und einige Praktiker erklärten, dass Musik eine spezifische Behandlung für psychische Erkrankungen sei. Es ist zweifellos möglich, die Stimmung gesunder, ausgebildeter Musiker durch die Verwendung ausgewählter Kompositionen zu beeinflussen, aber davon auszugehen, dass alle Zuhörer in ähnlicher Weise reagieren oder dass die Stimmungen geistig Gestörter durch vorgegebene Musik nach Belieben verändert werden können, ist falsch Ignorieren Sie die Natur psychischer Erkrankungen und die wissenschaftlichen Erkenntnisse von Psychologen.

Musik ist vieles, aber physikalisch besteht sie aus Klängen oder Noten mit Tonhöhe, Intensität, Klangfarbe und Dauer. Diese Noten werden in Mustern kombiniert, die Rhythmus, Tempo, Melodie und Harmonie aufweisen und diese wiederum mit Tonart, Modus und Form in Beziehung stehen. Jedes dieser Elemente war Gegenstand philosophischer Interpretationen und in jüngerer Zeit auch psychologischer Untersuchungen. Obwohl die Wirkung von Musik auf den menschlichen Geist von der Reaktion auf die gesamte Komposition abhängt, ist es trotz der Schwierigkeiten wichtig, die vorhandenen Daten zu überprüfen, um die Wirkung von Musik besser zu verstehen; Denn wie Ortman [71] sagte: „Das Problem der Analyse und Klassifizierung von Reaktionen auf Musik in Typen ist gleichzeitig äußerst interessant und notorisch schwierig." Die Geschichte des Problems ist reich an unkoordinierten Daten und kaum eindeutige Schlussfolgerungen."

II
ELEMENTE DER MUSIK

Tonhöhe. Heinlein [45] fand heraus, dass dieselben Akkorde, die in hoher Tonlage ein fröhliches und helles Gefühl hervorriefen, in tiefer Tonlage als düster oder melancholisch charakterisiert wurden. Die Stimme der Jugend und das Lachen sind höher als das Murren des Alters und können ein konditionierender Faktor sein. Beaunis [8] war der Ansicht, dass die Reaktion auf die Tonhöhe eine Auswirkung von Erfahrung und Gewohnheit ist, und führte eine Umkehrung bei den Orientalen an, bei denen tiefe Töne freudige Reaktionen und hohe Töne Traurigkeit und Kummer hervorrufen.

Intensität. Heinlein fand heraus, dass laute Akkorde selten beruhigend wirken und leise Akkorde fast immer beruhigend wirken. Beaunis betont die ermüdende Qualität großer Intensität über einen langen Zeitraum und kontrastiert sie mit „Sehr sanften Klängen wie in Schumanns ,Danse des Sylphes' ... die einen in den Bann entzückender Emotionen ziehen."

Timbre ist die Qualität des Klangs, die ihn mit dem Instrument identifiziert, auf dem er erzeugt wird. Obwohl viele Instrumente überzeugend fröhlich oder gedämpft klingen können, sind sich die meisten Autoren einig, dass einige Instrumente voreingenommene Töne abgeben. Chomet [18] hielt das Fagott für traurig, die Flöte für zart und die Posaune für erschütternd. Er fand, dass die Klarinette Trauer ausdrückt, die Oboe Träumereien suggeriert, aber dass die Violine „geeignet scheint, alle der Menschheit gemeinsamen Gefühle auszudrücken". Mursell [60] findet konsistente taktile Werte im Ton. Tiefe Töne sind dumpf und hohe Töne schneidend. Er spricht vom Waldhorn als weich, vom Piccolo als scharf, von der Oboe als streng, vom Cello als samtig und vom Fagott als rau.

Gundlach [38] glaubt, dass die Klangfarbe eines Instruments für die Stimmungsreaktion von Bedeutung ist. Er findet die Blechbläser triumphierend und grotesk, niemals melancholisch oder ruhig, zart oder sentimental; Die Holzbläser sind traurig, unbeholfen, unruhig, niemals brillant oder fröhlich. Auch die menschliche Stimme hat ein Timbre und besondere Werte. Da sind die dramatische Qualität von Marian Anderson und der sirupartige Fluss von Bing Crosby; die Männlichkeit des Basses und der Glanz der Koloratur.

Dauer. Das Erklingen einer einzelnen Note erregt Aufmerksamkeit, aber wenn die Note über einen ausreichend langen Zeitraum erklingt, ohne ihre Eigenschaften zu verändern, wird sie monoton, nervig und schließlich ärgerlich. Wenn der Ton in gleichmäßigen Abständen unterbrochen wird, wird sich diese Reaktion erst später entwickeln, aber wenn die Abstände zwischen ihnen unregelmäßig sind, bleibt das Interesse erhalten, insbesondere wenn diese Variationen periodisch auftreten, das heißt in einem bestimmten Rhythmus. [8]

Rhythmus. Es ist möglich, Musik ohne Rhythmus zu haben, aber wie Rameau [68] vor langer Zeit betonte: „Musik ohne Rhythmus verliert all ihre Anmut." Da Schlaginstrumente wahrscheinlich allen anderen vorausgingen, war

Rhythmus die erste Stufe in der Entwicklung der Musik. Die Befürworter der motorischen Rhythmustheorie glauben, dass die Muskelreaktion auf Musik mit ausgeprägtem Rhythmus ein physiologischer Reflex ist. Sie weisen darauf hin, dass es schwierig ist, absichtlich aus dem Takt eines gut akzentuierten Marsches zu gehen, und Dunlap [26] hat gezeigt, dass bei liegenden Personen „mit der größtmöglichen Entspannung des gesamten Körpers eine gute rhythmische Gruppierung einer Hörserie erreicht werden kann." Mit Hilfe des Elektromyographen hat Jacobson [50] gezeigt, dass bei völliger Entspannung geistige Aktivität zu flüchtigen, aber spezifischen Muskelkontraktionen führt, die für das Auge unsichtbar und für die Person unbekannt sind.

Die Wahrnehmung von Rhythmus ist ein geistiges Stimulans. Reade [62] beobachtete, dass afrikanische Neger, wenn man sie zum Rudern aufforderte, immer zu singen begannen, um ihre natürliche Faulheit zu überwinden. Bücher [14] glaubte, dass Rhythmus, wie er in Arbeitsliedern zum Ausdruck kommt, den synchronen Energieaufwand von Individuen erleichtert, die eine gemeinsame Aufgabe ausführen.

Obwohl rhythmischer Gesang nicht unbedingt in allen Fächern offensichtliche motorische Reaktionen hervorruft, ist die weit verbreitete Verwendung von Arbeitsliedern bei Gruppen von Menschen, die an Land oder auf See auf der ganzen Welt hart arbeiten, ein Hinweis auf den Wert des Hintergrundrhythmus für gemeinschaftliche Anstrengungen. Mursell [60] glaubt, dass „jede Vorstellung, dass reiner oder ‚nackter' Rhythmus effektiver ist als ein in Ton gekleideter Rhythmus, sehr ernsthaften Zweifeln unterliegt." Aber der Haupteffekt eines ausgeprägten Rhythmus ist das Gefühl der Aufregung und des Glücks, das er hervorrufen kann. Der Rhythmus bereitet uns eine gewisse Freude, weil er für die Ordnung sorgt, die der Geist wahrnimmt.

Melodie als musikalisches Element trägt vor allem zur Ruhe bei. [71] Wenn es einfach und erkennbar ist, wird es an andere Zeiten erinnern und den Geist von den Gedanken an gegenwärtige Probleme beruhigen. Wenn es komplex und neu ist, lenkt es die Musikalischeren ab, hat aber eine weniger wünschenswerte Wirkung auf die Uninteressierten.

Modus. Der Begriff *Modus* wird auf die Anordnung von Ganz- und Halbtönen im musikalischen Tonleiteraufbau angewendet. Von den vielen möglichen Modi werden in unserem gegenwärtigen Musiksystem nur zwei verwendet, der *Dur-* und der *Mollton* . Es gibt nur eine Form der Dur-Tonart, und an diese erinnern sich die meisten Menschen, wenn sie an die Tonleiter denken. Es gibt drei Formen des Moll-Modus, von denen jedoch der *Harmonische* am häufigsten verwendet wird. Es entsteht durch Absenken der dritten und sechsten Note um einen Halbton. [80]

Wenn ein Autor überzeugend Pionierarbeit auf einem Gebiet leistet, das seit langem der Klärung bedarf, ist es wahrscheinlich, dass selbst seine fragwürdigen Bemerkungen mit der gleichen Autorität akzeptiert werden wie seine wissenschaftlichen Aussagen. Im Jahr 1722 veröffentlichte Rameau [68] eine Abhandlung über Harmonielehre, die aufgrund ihrer Exzellenz und ihres Verständnisses große Akzeptanz fand, doch in diesem Werk verleitete er viele der nachfolgenden Autoren zu der Annahme, dass der Dur-Dreiklang angenehmer und schöner sei als der Moll-Dreiklang. Dieses Konzept wurde nicht nur übernommen, sondern auch umgesetzt. Hauptman [44] verglich den Moll-Dreiklang mit den Zweigen der Trauerweide und schrieb ihm daher eine traurige, nach unten ziehende Kraft zu. Dem Durdreiklang ordnete er die Eigenschaft einer aufwärtstreibenden Kraft zu. (Wenn man dies wörtlich nimmt und auf den Patienten überträgt, wird deutlich, warum der Musik bemerkenswerte Eigenschaften zugeschrieben werden.)

Es besteht nun wenig Zweifel daran, dass die meisten Menschen die Empfindung, die der Klang des Moll-Akkords hervorruft, als melancholisch beschreiben werden, wenn auf dem Klavier der Dreiklang c-Moll nach dem C-Dur-Akkord angeschlagen wird. Helmholtz [46] führte die verschleierte oder traurige Wirkung eines Moll-Akkords auf bestimmte, dem Akkord fremde Töne zurück, die physikalisch zu erwarten sind.

„Das so eingeführte fremde Element ist nicht deutlich genug, um die Harmonie zu zerstören, aber es reicht aus, um dem musikalischen Charakter und der Bedeutung dieser Akkorde eine mysteriöse, dunkle Wirkung zu verleihen, eine Wirkung, die der Hörer nicht erklären kann, da die schwachen Kombinationstöne, von denen sie abhängt, durch andere, lautere Töne verdeckt werden und nur für ein geübtes Ohr hörbar sind.“

Doch Gurney [40] weigert sich, in dieser leichten Dissonanz einen melancholischen Eindruck zu erkennen, denn, wie er betont,

„Derselbe leichte Grad an Dissonanz, der im Moll-Dreiklang vorhanden ist, kann auf einen Dur-Dreiklang übertragen werden, indem man ihm eine bestimmte, extrem schwache Menge an dissonanten Elementen hinzufügt: Es scheint dann, dass der Dur-Dreiklang dadurch leicht gedämpft oder verwirrt werden sollte.“ melancholisch klingen, aber das ist überhaupt nicht der Fall. Ein weiteres Argument kann in der folgenden Tatsache gefunden werden. Die Moll-Dreiklänge D und A kommen in den Harmonien von C-Dur immer wieder vor; und dennoch scheinen sie nicht den ausgesprochen pathetischen Eindruck zu vermitteln, der sofort durch das Erscheinen des c-Moll-Dreiklangs hervorgerufen wird.

„Musik in einer Dur-Tonart kann zutiefst traurig sein; und es wäre oft unmöglich, den musikalisch empfundenen Unterschied zwischen solcher Musik und trauriger Mollmusik zu beschreiben. Der Moll-Modus hat einen etwas konstanteren Wirkungsbereich."

Solche Diskussionen gingen weiter, bis Valentine [76] beschloss, die Stimmungswirkung der Modi auf eine Gruppe von Zuhörern zu testen. Er fand heraus, dass „Dur-Intervalle doppelt so oft als traurig oder klagend beschrieben werden wie Moll-Intervalle". Heinlein [45] untermauerte dies nicht nur, sondern fand auch heraus, dass Intensität der dominierende Modifikator des Gefühls ist. Er überprüfte mehr als 2500 Kompositionen für Anfänger und fand unter ihnen nur sieben Prozent in Moll. „Es ist schwierig, eine Komposition in Moll für Kinder zu finden, die keinen Titel hat, der sich auf das Unheimliche, das Geheimnisvolle, das Traurige und das Düstere bezieht. Offenbar fallen Komponisten bei ihren Versuchen, die Modi für Kinder zu differenzieren, der Methode zum Opfer, Titel einzuführen, die dem Gefühlsinhalt entgegengesetzt sind. Für Kinder ist der Titel einer Komposition ein sehr herausragendes Merkmal. Es kann sein, dass die Reaktion auf die Modi letztlich weitgehend eine Frage des Ausmaßes ist, in dem die Assoziation mit beschreibenden Titeln einer bestimmten Art zuerst die affektiven Eindrücke im Kopf des Anfängers festigt." Man kann also erkennen, dass Komponisten eine alte Philosophie eher durch Titel als durch Musik gepflegt haben. Beaunis hat gezeigt, dass zwar unter europäischen Komponisten der Dur-Ton für heitere und ruhige Passagen und der Moll-Ton für unruhige und aufwühlende Passagen verwendet wurde, eine Untersuchung der Musik anderer Völker jedoch eine völlig entgegengesetzte Verwendung zutage fördert. Hevner [47] kam in einer aufwendigen Reihe kontrollierter Studien zu dem Schluss, dass „alle historisch belegten Merkmale der beiden Tonarten bestätigt wurden", räumt jedoch ein, dass „der Tontyp bei der Erzeugung seiner Wirkung auf den Zuhörer nie der einzige Faktor ist".

In einer späteren Studie behauptet Hevner [48] weiterhin, dass die Modalität in den Dimensionen Traurigkeit und Glück wirksam, in den Dimensionen Kraft, Aufregung und Würde jedoch völlig nutzlos sei.

Die Reaktion auf den Modus wird durch das unmittelbar zuvor Gehörte und durch die musikalische Ausbildung beeinflusst. Die Reaktion auf den Modus ist nicht physiologisch, bietet aber einen Schlüssel zur Musik für Patienten, denn diejenigen, die den Moll-Modus mit Traurigkeit identifizieren, sollten solche Musik nicht erhalten, wenn schwule Musik indiziert ist.

Schlüssel. Es gab eine Zeit, in der bestimmten Tasten emotionale Kräfte zugeschrieben wurden. Damit solche Gedanken nicht immer noch bestehen, wird das folgende Zitat von Gurney [40] angeführt.

„Bestimmten Tasten werden manchmal bestimmte emotionale Kräfte zugeschrieben. Dass zwischen ihnen bei bestimmten Instrumenten gewisse leichte Unterschiede bestehen, lässt sich nicht leugnen, obwohl es sich um einen Unterschied handelt, den nur außergewöhnliche Ohren wahrnehmen. Da die Beziehungen zwischen den Noten jeder Tonart identisch sind, wird jede Reihe von Beziehungen, die jede Art von beschreibbarem oder unbeschreiblichem Charakter darstellen, natürlich vom Ohr in jeder Tonart akzeptiert, oder wenn es sich um eine Reihe handelt, die durch eine Reihe von Tonarten moduliert, in jedem Satz ähnlich verwandter Schlüssel. Da es jedoch eine höchste und eine tiefste Note haben muss, ist es wichtig, insbesondere beim Schreiben für ein bestimmtes Instrument, eine solche Tonart zu wählen, dass diese Noten nicht unbequem oder unmöglich sind; und auch die mechanischen Schwierigkeiten eines Instruments können dazu führen, dass bestimmte Tonarten für bestimmte Passagen vorzuziehen sind. Vorbehaltlich Korrekturen aus solchen Überlegungen wählt der Komponist wahrscheinlich im Allgemeinen die Tonart, in der ihm das Juwel seines Werkes zum ersten Mal vor dem geistigen Auge aufblitzt: und wenn die Musik einmal gesehen und erkannt wurde, in einer bestimmten Tonart geschrieben, das eigentliche Aussehen Es wird so sehr mit sich selbst verknüpft, dass der Gedanke, die Tonart zu ändern, einen gewissen Schock hervorrufen kann. Aber es gibt in der Tat nur wenige Fälle, in denen jemandem die geringste Notwendigkeit einer Änderung aufgefallen wäre, wenn ihm die Musik zum ersten Mal in einer Tonart präsentiert worden wäre, die um einen Halbton von der Tonart abweicht, in der sie tatsächlich steht. Und tatsächlich, wenn ein Stück Musik überlegt oder gesummt oder gepfiffen wird, ist es natürlich weitaus häufiger, es sei denn, es handelt sich um eine Person mit außergewöhnlich begabtem Gehör, und zwar in einer anderen Tonart als der, in der es geschrieben und gehört wurde. Sogar der am häufigsten behauptete Unterschied zwischen C-Dur als hell und kräftig und Des als weich und verschleiert, verschwindet fast ins Leere, wenn ein helles Stück in Des oder ein verträumtes in C gespielt wird.

„Dass eine Vielzahl emotionaler Charaktere eindeutig verschiedenen Tonarten zugeschrieben werden kann, ist eine so offensichtlich absurde Vorstellung, dass ich sie nicht erwähnen würde, wenn sie nicht allgemein anerkannt wäre. Und solche Lehren sind wirklich schädlich, weil sie bescheidene und echte Musikliebhaber glauben machen, dass es Bereiche musikalischer Gefühle gibt, die absolut außerhalb ihrer Vorstellungskraft liegen.“

In einem unbenannten Handbuch kommen folgende Aussagen vor:

„C-Dur drückt Gefühle auf reine, sichere und entschiedene Weise aus. Darüber hinaus drückt es Unschuld, eine starke Entschlossenheit, männlichen Ernst und tiefe religiöse Gefühle aus.

„G-Moll drückt manchmal Traurigkeit aus, manchmal andererseits ruhige und gesetzte Freude – eine sanfte Anmut mit einem leichten Hauch verträumter Melancholie – und gelegentlich erhebt es sich zu romantischer Erhabenheit. Es stellt das Sentimentale usw. wirkungsvoll dar. Ein anderer Autor, der von Schumann zitiert wird, fand in G-Moll Unzufriedenheit, Unbehagen, beunruhigende Angst vor einem erfolglosen Plan, schlecht gelauntes, an der Leine nagendes Gebiss. ‚Vergleichen Sie diese Idee‘, sagt Schumann, ‚mit Mozarts Symphonie in G-Moll, dieser schwebenden griechischen Anmut.‘ Er zitiert denselben Autor, dass E-Moll ein weiß gekleidetes Mädchen mit einem rosafarbenen Brustknoten ist.

„Dies sind nur Zusammenfassungen, und ein Großteil des Humors geht durch die Auswahl verloren. Für die ‚Charaktere‘ mehrerer seiner Tonarten gibt der Autor eine Liste von Beispielen an, deren Auswahl, da jeder mögliche Charakter durch Kompositionen in jeder einzelnen Tonart veranschaulicht werden könnte, nicht sehr schwierig gewesen sein kann. Es ist etwa so, als würde man beweisen, dass der Montag ein ‚besonders melancholischer Tag‘ ist, weil jemand an ihm einen Verwandten verloren hat, oder dass das Merkmal des Donnerstags ‚Zuversicht und Hoffnung‘ ist, weil an ihm jemand ein Vermögen gemacht hat.

„Diese Gedanken ähneln denen des chinesischen Philosophen, der die fünf Töne der alten chinesischen Tonleiter auf die fünf Elemente Wasser, Feuer, Holz, Metall und Erde zurückführte.“

Tempo. „Die Idee, emotionale Merkmale dem Tempo aufzuzwingen, ist nicht weniger absurd als die der Tonart.“ (Gurney zitiert weitere Ideen desselben Autors.)

„Die gemeinsame Zeit drückt das ruhige Leben der Seele aus, einen inneren Frieden, aber auch Kraft, Energie und Mut.

„Der Drei-Acht-Takt drückt Freude und aufrichtige Freude aus; aber sein bestes Merkmal ist Einfachheit und Unschuld.

„Der Dreivierteltakt ist Ausdruck von Sehnsucht, aufrichtiger Hoffnung und Liebe.

„Es wäre interessant, von diesem Autor zu hören, was passiert, wenn jemand ein Stück im normalen Takt komponiert, das das ruhige Leben der Seele und den ‚inneren Frieden‘ zum Ausdruck bringt, und in der Tonart e-Moll, die Trauer, Trauer usw. darstellt Unruhe des Geistes.“

Gundlach [38] stellte fest, dass die Geschwindigkeit der mit Abstand wichtigste Faktor bei der Unterscheidung mehrerer vor einer Gruppe gespielter Stücke war. Und Hevner [48] stellte fest , dass für die Aufregung das Tempo das wichtigste Element war, das schnell sein musste. „Verträumte, sentimentale Stimmungen folgen einem langsamen Tempo. Reines Glück erfordert ein schnelleres Tempo."

Hanson [42] glaubt, dass „unter sonst gleichen Bedingungen die emotionale Spannung umso größer wird, je weiter das Tempo über *das Tempo moderato hinaus beschleunigt wird* (was ungefähr der Geschwindigkeit des menschlichen Pulses entspricht)." Er führt weiter aus: „Solange die Unterteilungen der metrischen Einheiten regelmäßig sind und die Akzente im Einklang mit dem Grundmuster bleiben, kann die Wirkung berauschend, aber nicht störend sein." Die rhythmische Spannung wird durch das Ausmaß erhöht, in dem der dynamische Akzent im Hinblick auf den metrischen Akzent fehl am Platz ist, und die emotionale Wirkung von „aus dem Gleichgewicht geratenen" Akzenten wird durch eine Steigerung der dynamischen Kraft erheblich verstärkt." Er ist übermäßig beunruhigt über die Wirkung, die „Boogie-Woogie" auf die jüngere Generation haben könnte, da Rhythmusunregelmäßigkeiten ihr fruchtbarstes Feld in dieser Jazzform finden, die durch „eine wiederholte Figur im Bass (die) auf unbestimmte Zeit im regelmäßigen Rhythmus fortgesetzt wird" gekennzeichnet ist.

Klangfülle. Hanson [41] hat die Entwicklung der Musik von der hochkonsonanten Musik der römisch-katholischen Kirche etwa zur Zeit Palestrinas bis zur dissonanten Musik bestimmter moderner Komponisten verfolgt. Er beschreibt die frühen Hymnen als „ruhig, gelassen und in gewisser Weise unpersönlich". Für ihn „scheint der Ausdruck persönlicher Gefühle in der Musik unweigerlich mit der Verwendung von Dissonanzen verbunden zu sein." Tatsächlich scheint der Ausdruck von Emotionen in der Musik mit dem Kontrast zwischen Dissonanz und Konsonanz verbunden zu sein, wobei erstere ein Gefühl von Spannung und Konflikt hervorruft, das entweder durch den Übergang zu einem Klang von noch größerer Spannung verstärkt oder durch eine nachfolgende Konsonanz gelöst wird." Für einen Musiker mag es leicht sein zu glauben, dass der verstärkte Einsatz von Dissonanzen zu einer Steigerung der emotionalen Spannung führt, aber für den musikalisch unkultivierten Zuhörer kann Dissonanz genauso oft Langeweile oder Ärger hervorrufen.

Komposition. Obwohl musikalische Faktoren wie Tonhöhe, Intensität und Melodie isoliert zum Stimmungseffekt beitragen können, ist die Reaktion auf eine gesamte Komposition ganz anders als die Reaktion auf Akkordtöne. Dies kann von der Umgebung oder dem Zusammenhang mit der Situation abhängen, in der die Auswahl zum ersten Mal gehört wurde oder gehört wird. Es kann sich durch die Länge der Komposition oder unerwartete Intensitätskontraste oder die Verwendung ungewöhnlicher Muster, Rhythmen oder Tempi ändern. Beim Musikhören spielt die Erwartungshaltung eine wichtige Rolle. Eine plötzliche Veränderung oder

Unterbrechung kann Überraschungen hervorrufen. „Die bloße Erfüllung der Erwartung in all ihren Einzelheiten bereitet eine Art Vergnügen. Aber so groß das ästhetische Vergnügen auch ist, ein weitaus größeres Maß an Vergnügen kann manchmal durch eine sorgfältig geplante Überraschung erreicht werden, deren Angemessenheit und künstlerisches Können anerkannt und anerkannt werden" [10].

Es wurde viel über die Bilder oder Geschichten geschrieben, die musikalische Kompositionen hervorrufen. Einige Musiker haben stillschweigend angedeutet, dass die Fähigkeit, diese Geschichten zu verstehen, zu größerem Vergnügen führt, aber Gehring [34] besteht klugerweise darauf, dass „musikalischer Genuss nicht von Interpretationen abhängt, sondern auch von denen erlangt werden kann, die sich ihrer enthalten." Es gibt einige Leute, die jede Musikauswahl interpretieren können, und andere, die darin keine Geschichte finden. Zwischen diesen Extremen liegt eine Gruppe, die mehr Freude an der Musik haben kann, wenn dem Zuhören eine solche Vorbereitung vorausgeht. Wie Damon [20] betont hat: „Eine Musikauswahl wird als schöner und farbenfroher empfunden, wenn vor dem Anhören die üblichen Programmhinweise gegeben werden."

Es gibt diejenigen, die im Klang eine bestimmte Farbe sehen. Es war Isaac Newton, der als erster die diatonische Tonleiter mit den sieben Farben des Spektrums von Rot bis Violett verglich, beginnend mit C als Rot. Katz [17] berichtete über eine starke Farbassoziation in zwei Fallstudien. Beim ersten war C-Dur tiefschwarz und beim anderen C-Dur strahlend weiß. Dies war jedoch insofern zu erwarten, als die Tonleiter Intervalle und Proportionen der eindeutigsten Art aufweist, während die des Farbspektrums konfluent sind und keinen mathematischen Zusammenhang haben. Die Spektrumanalogie wurde 1737 von de Marian diskreditiert [70]. „Keine zwei Menschen sind sich einig oder kaum jemals einer Meinung darüber, welche Farbe sie mit demselben Klang assoziieren" [30].

Aber Farbe ist nur ein Element eines mentalen Bildes; was ist mit den anderen? Ist es möglich, dass sich zwei Menschen, die zum ersten Mal ein neues, unbenanntes Musikstück hören, dieselbe Geschichte oder dasselbe Bild vorstellen?

T. Kawarski und H. Odbert [52] fanden keinen direkten Zusammenhang zwischen Farbe und Musik, der für mehr als ein paar Individuen zutraf, aber es wurde festgestellt, dass gewisse allgemeine Zusammenhänge zwischen Photoismus und speziellen Aspekten der Musik ständig wiederkehren. So geht eine Zunahme der Helligkeit tendenziell mit einer Erhöhung der Tonhöhe oder einer Beschleunigung des Tempos einher. Während ein Faktor wie starke visuelle Vorstellungen oder kulturelle Einflüsse oder

Suggestionen bei einigen Individuen dominant sein können und bei anderen ein völlig anderer Faktor, wirkt keiner dieser Faktoren auf reine und einfache Weise.

Allzu oft sehen Musikinterpreten in einer bestimmten Auswahl zu viel. Einige versuchen, das im Titel der Auswahl angekündigte Thema in Worte zu fassen. Einige Enthusiasten klammern sich an jeden Strohhalm der Inspiration aus der Originalquelle. Gurney führt ein amüsantes Beispiel im Zusammenhang mit einer Sonate von Beethoven an, deren drei Sätze die Titel *Les Adieux* , *L'Absence* und *Le Retour* tragen. Diese Titel waren so verlockend, dass über die Darstellung von Passagen aus dem Leben zweier Liebender überschwängliche Kommentare veröffentlicht wurden. Auf das Manuskript schrieb Beethoven jedoch: „Lebewohl zur Abreise Seiner kaiserlichen Hoheit des Erzherzogs Rudolph am 4. Mai 1809" und „Ankunft Seiner kaiserlichen Hoheit des Erzherzogs Rudolph am 30. Januar 1810."

Die Beharrlichkeit mancher spezifischer Bilder, die durch bestimmte Auswahlen hervorgerufen werden, kann für jene Musikliebhaber entmutigend sein, die solche Interpretationen als Tatsachen hinnehmen und enttäuscht sind, weil sie nicht die gleiche Reaktion wie andere hervorrufen können, insbesondere wenn es sich bei diesen um anerkannte Musiker handelt.

„Es ist offensichtlich, dass die Fähigkeit der Musik, Gegenstände, Situationen oder Ideen darzustellen, äußerst unbestimmt ist. Ganz gleich, wie spezifisch ein bildliches oder dramatisches Programm der Komponist durch seine Musik darstellen möchte, der Zuhörer wird dieses Programm niemals aus der Musik selbst erhalten. Wenn dem Zuhörer gesagt wird, was die Musik darstellen soll, wird er sich die Ereignisse vorstellen und sie in die Musik einbauen. Oder wenn ihm ein Titel gegeben wird, wird ihm dieser eine Bilderkette nahelegen, die er in die Komposition hineinlesen wird. Und wenn ihm weder Titel noch Programm gegeben wird, könnte ihn seine Phantasie auf eine geistige Reise mitnehmen, deren Richtung von seiner Stimmung, seiner geistigen Verfassung, seiner körperlichen Verfassung, seinen vergangenen Erfahrungen und zahlreichen anderen subjektiven Faktoren abhängt, für die die Musik als Stimulus dient, die aber alle außerhalb der Musik selbst liegen." [35]

Als Rubinstein beispielsweise in Chopins „Zweite Ballade" die Geschichte einer wilden Blume las, die von einem Windstoß erfasst wird, von den Kämpfen der Blume und ihrem endgültigen Brechen, verwirrte er die Sache, indem er der Musik eine zweite Interpretation hinzufügte, die von Mickiewiczs Gedicht „Switez Lake" inspiriert war, dessen Geschichte völlig anders ist. Als Gilman seinen Schülern dasselbe Lied vorspielte, gab es viele

Interpretationen, die von „bedeutungslos" bis „schleichende Mörder" reichten. [35]

Beethoven beschwerte sich häufig und erbittert über seine Interpreten und Erklärer, aber wir müssen uns den Schriften der literarischeren Musiker Mendelssohn und Schumann zuwenden, um zusammenhängende Aussagen zu diesem Thema zu finden. Mendelssohn schrieb:

„Was jede Musik, die ich mag, für mich zum Ausdruck bringt, sind keine Gedanken, die zu unbestimmt sind, um sie in Worte zu kleiden, sondern zu eindeutig. Wenn Sie mich fragen würden, was ich bei der betreffenden Gelegenheit gedacht habe, sage ich: Das Lied selbst ist genau so, wie es ist."

Schumanns Standpunkt zur verbalen Lesart von Musik lässt sich aus folgender Passage entnehmen:

„Kritiker wollen immer wissen, was ihnen der Komponist selbst nicht sagen kann; und Kritiker verstehen manchmal kaum den zehnten Teil dessen, worüber sie reden. Du lieber Himmel! Wird jemals der Tag kommen, an dem die Menschen aufhören werden, uns zu fragen, was wir mit unseren göttlichen Kompositionen meinen? Suchen Sie sich die Quinten aus, aber lassen Sie uns in Ruhe." [40]

Einige Musikstücke wurden als Begleitung zu einem Thema geschrieben. Wer die Geschichte des *Barbiers von Sevilla kennt*, assoziiert die Arie „Largo al Factotum" vielleicht mit der Verzweiflung eines überarbeiteten Barbiers, aber dasselbe Lied hätte auch als Begleitung zu fast jedem anderen lebhaften Thema geschrieben werden können, und für Leute, die die Geschichte nie gehört haben und kein Italienisch verstehen, ist es einfach ein fröhliches Lied, möglicherweise humorvoll. Wie Gurney sagt:

„Die verbalen Titel, die den Ausdruck gewisser Kompositionen zusammenfassen sollen, wie interessant sie auch sein mögen, sind so zufällig, dass sie oft von der Musik angeregt wurden, anstatt sie anzuregen; und hundert Zuhörer würden, wenn man sie den Titel selbst erraten ließe, hundert neue erfinden." [40]

Musik kann nur dann spezifische Emotionen hervorrufen, wenn die Menschen darauf konditioniert wurden. Das Lied „Horst Wessel" würde die Amerikaner nicht zu Hass erregen, wenn sie den Titel nicht mit dem Lied und seiner Bedeutung identifizieren könnten. Selbst dann wäre der Grad des Hasses oder der Verachtung gegenüber der Musik unterschiedlich.

Edwin Franko Goldmans „On the Farm" kann bei niemandem Zweifel an seinem Thema aufkommen lassen, aber mit Ausnahme solch sehr offensichtlicher Musik oder Musik, auf die wir emotional konditioniert wurden, kann Musik keinen blauen Himmel oder grüne Weiden malen .

Welche Gefühle werden dann am häufigsten durch Musik ausgelöst? Laut Schoen [72]:

„Die Daten zeigen, dass Ruhe, Trauer, Freude, Liebe, Sehnsucht und Ehrfurcht am häufigsten als die erzeugten Effekte auftreten. Vokalmusik neigt viel häufiger dazu, klar definierte emotionale Effekte hervorzurufen als Instrumentalmusik, wobei die Wahrscheinlichkeit besteht, dass der spezifische emotionale Effekt hauptsächlich auf die Worte zurückzuführen ist."

Die Schlussfolgerungen von Schoen zu Stimmungsänderungen in einer getesteten Gruppe fassen die Beziehung zwischen Stimmungsänderungen und Genuss zusammen. Aus praktischen Gründen möchten wir also nicht nur wissen, ob eine musikalische Komposition eine Stimmungsänderung beim Zuhörer hervorruft, sondern auch, was von größerer Bedeutung ist, ob die hervorgerufene Stimmung auch genossen wird und inwieweit dieser Genuss von Faktoren wie der Art der hervorgerufenen Stimmung abhängt. Die Vertrautheit des Zuhörers mit der Auswahl und seine Beurteilung der Qualität der Auswahl sind ebenfalls wichtig.

Die Ergebnisse einer großen Beobachtungsreihe zeigen in der Regel, dass Musik bei jedem Zuhörer eine Stimmungsänderung hervorrief bzw. dass sich eine bestehende Stimmung verstärkte, wenn sie mit der Stimmung der Musik übereinstimmte. Die Tendenz derselben Komposition, bei jedem Zuhörer die gleiche Stimmung hervorzurufen, war sehr ausgeprägt. Der Grad der Freude an der Musikkomposition stand in direktem Verhältnis zur Intensität des erzeugten Stimmungseffekts, sofern dieser Effekt nicht auf die Bedingungen der Aufführung zurückzuführen war, wie etwa eine schlechte Intonation oder fehlerhafte Interpretation.

„Eine Stimmung bereitete nicht mehr Freude als eine andere, es sei denn, die Stimmung war auf eine Abneigung gegen die bestimmte Musikart oder eine schlechte Darbietung zurückzuführen. Wenn sich die Stimmung jedoch von fröhlich zu ernst änderte, schien die Freude etwas geringer zu sein als bei einem Wechsel von ernst zu fröhlich, vorausgesetzt, der Zuhörer war nicht durch Kenntnisse über die kritische Einschätzung der Musik, die er hörte, oder durch eine fehlerhafte Interpretation beeinträchtigt. Die Bewertung der Qualität der Musikkomposition stand in direktem Verhältnis zur Intensität der Freude."

III
ANDERE KONDITIONIERUNGSFAKTOREN

Zusätzlich zu den bereits besprochenen physischen Elementen der Musik gibt es noch andere Faktoren, die die Art der Reaktion von Geist und Körper auf Musik beeinflussen. Oben wurde bereits der Wert von Programmnotizen erwähnt. Menschen, die zum ersten Mal neue Musik hören, entwickeln möglicherweise eine visuelle oder emotionale Reaktion, aber wenn sie durch beschreibendes Schreiben darauf vorbereitet werden, können sie die Musik „verstehen" oder zumindest besser genießen.

„Programmnotizen, mündliche Kommentare und der allgemeine Rahmen der Präsentation sind wichtig, weil sie die Stimmungsreaktion konzentrieren und verstärken. Tatsächlich hat sich gezeigt, dass es bei einer mündlichen Einführung vor der Präsentation einer Komposition nicht viel darauf ankommt, was gesagt wird, und dass fast jede Art von Kommentar das Vergnügen des Zuhörers steigert, wenn er dazu dient, ihn in geeignete, wirksame Geisteszustände zu versetzen." [60]

Musikassistenten sollten diese Feststellung ernst nehmen und dem Spielen von Musikstücken verbale Kommentare voranstellen. Selbst populärer Tanzmusik können Bemerkungen über das verwendete Soloinstrument oder die beteiligten Persönlichkeiten vorangestellt werden.

Mit Ausnahme der Wirkungen des Rhythmus waren alle anderen bisher genannten Reaktionen weitgehend psychologischer Natur. Bevor wir die Diskussion der Reaktionen beenden, wird ein Beweisstück präsentiert, das eine mögliche physiologische Wirkung demonstriert. Gundlach [39] untersuchte die Lieder von sechs verschiedenen Indianerstämmen. Nun haben die Sprache, Bräuche und Musik benachbarter europäischer Länder häufig etwas gemeinsam, aber das Fehlen des Rades als Transportmittel machte die verstreuten Völker der westlichen Hemisphäre zu Fremden untereinander. Die Sprache und die Lieder der verschiedenen Indianerstämme haben überhaupt nichts miteinander zu tun, aber die Lieder, die die gleichen Arten von Zeremonien darstellen, weisen beträchtliche Übereinstimmungen auf. Daraus folgert Gundlach, dass „Musik einige Konventionen hat, die auf einer festen Grundlage der physiologischen Struktur und der Verhaltensähnlichkeit menschlicher Wesen beruhen."

A – Live-Musik. Die meisten Menschen wenden sich der Klangquelle zu. Selbst die Phlegmatischsten wenden sich ab, wenn der Klang plötzlich und laut genug ist. Dies ist ein Schutzmechanismus, da die Identifizierung der Quelle Verletzungen verhindern kann. Die Bestätigung der akustischen und visuellen Bilder vermittelt auch ein Gefühl der Befriedigung. Wenn der Klang musikalisch ist, ist der Wunsch, seine Entstehung zu sehen, stark erhöht. Für diejenigen, die selbst keine Musik machen können, ist es, als würden sie einem Zauberer von hinten zuschauen. Für Musiker bietet es die Möglichkeit der Inspektion, Verbesserung oder Kritik. Eine der wichtigsten psychologischen Komponenten der Musik ist die physische Präsenz des Musizierenden. Vor etwa zwanzig Jahren produzierte ein Hersteller Klavierrollen, die die Manipulationen bekannter Künstler so gut reproduzierten, dass Experten nicht zwischen den von einem Live-Pianisten und dem automatischen Spieler auf dem Klavier erzeugten Klängen unterscheiden konnten. Diese Reproduktionsmethode war jedoch finanziell ein Misserfolg; sie hatte alle Eigenschaften eines Live-Musikers, außer der physischen Präsenz.

Von einer Live-Band erwarten wir weitaus weniger Musikqualität als von einer mechanischen Wiedergabe von Bandmusik. Gruppen, die sich zum Tanzen versammeln, zahlen relativ hohe Preise für unerfahrene Spieler mit einem monotonen Repertoire, nur um Live-Musik zu hören. Die Tänzer beschweren sich vielleicht über die schlechte musikalische Ausführung, werden aber lieber wiederkommen als aufgenommene Musik zu hören.

Es gibt Kinostars, deren Gesangsstimmen für die meisten Ohren rau sind, doch die Zuhörer applaudieren ihnen bei einer Zugabe, nicht so sehr um eines schönen Erlebnisses willen, sondern um den menschlichen Kontakt zu verlängern. Wir reagieren nicht nur auf den Klang, sondern auch auf die Bewegungen und die Anwesenheit von Musikschaffenden. Wir hören den Menschen und ihrer Musik zu. Live-Musik stimuliert, erhält und bündelt die Aufmerksamkeit. Es sollte für Patienten so oft wie möglich angewendet werden. Der „lebende" Musiker kann Patienten dazu bringen, Musikformen zu hören, die sonst völlig ignoriert würden. Wenn Musiker die Wertschätzung für „gute" Musik und die Wertschätzung für Musik verbreiten wollen, sind persönliche Auftritte in Krankenhäusern eine Möglichkeit.

B – Die menschliche Stimme. Von allen Klängen einer bestimmten Tonhöhe und Intensität ist die menschliche Stimme derjenige, der am meisten Interesse weckt und aufrechterhält. Gewöhnlich greifen wir auf die menschliche Stimme zurück. Manchmal tun wir es aus Höflichkeit. Auch hier kann es sein, dass wir dies zum besseren Verständnis oder sogar aus Neugier tun. Die gesprochene Sprache wird von weitaus mehr Menschen verstanden als die sogenannte Sprache der Musik. Wenn Worte vertont werden, erregen sie mehr Aufmerksamkeit als wenn sie gesprochen werden. Sie sind normalerweise kompakt und in Reimform. Wir bemühen uns, jedes Wort zu hören, um die volle Bedeutung und den Humor oder die Klugheit des

Textdichters zu erfassen. Dennoch senken wir bereitwillig unsere literarischen Standards, wenn Worte vertont werden. Die Verse vieler Lieder klingen ohne Begleitung leer und eintönig. Aber die Worte werden durch die Melodie interessanter, und die Melodie erhält durch die Worte eine zusätzliche Bedeutung. „Vokalmusik hat eine größere Kraft, eine deutliche emotionale Reaktion hervorzurufen als Instrumentalmusik. Ruhe ergibt sich etwa gleichermaßen aus Instrumental- und Vokalmusik." [71]

Lieder mit Text sind ideal geeignet, um das Interesse der Patienten zu wecken. Gemeinsames Singen ist die wertvollste Form der Musik für eine maximale Gruppenreaktion.

HÖREN

Violet Paget [55] schickte Fragebögen an einhundertfünfzig Menschen in verschiedenen Teilen der Welt, um eine globale Stichprobe der Reaktionen auf Musik zu erhalten. Aus einer Analyse ihrer Antworten stellte sie fest:

„Zwei verschiedene Arten, auf Musik zu reagieren, von denen jede angeblich die einzige bei denen ist, die sie gewohnt sind. Die eine kann man als ‚Musikhören' bezeichnen, die andere als ‚Hören' … mit Ausrutschern ins bloße Mithören. Zuhören erforderte die größte aktive Aufmerksamkeit … Hören ist ein geringerer Grad derselben geistigen Aktivität, bei der aktive Aufmerksamkeit in Momenten auftritt, wie Inseln, die ständig von einer seichten Flut anderer Gedanken überspült werden."

Dies ist sehr ähnlich zu Gurneys Klassifizierung der musikalischen Wahrnehmung als „definitiv" und „unbestimmt". Vernon [77] listet die verschiedenen Reaktionen auf unbestimmtes Hören wie folgt auf:

a. Reflexartig oder physiologisch; beruhigend oder stimulierend.

b. Allgemeine Euphorie.

c. Anregung des Denkens und Abschweifen der Aufmerksamkeit.

d. Emotionale Stimmungen der Interpretation der sogenannten „Bedeutung" der Musik.

e. Dramatische visuelle Bilder von Tagträumen.

f. Bewusstsein, dass Geräusche auftreten, aber keine weitere Reaktion.

g. Das Verschwinden dieser Wahrnehmung in den „Randbereich" des Bewusstseins.

Er stellte fest, dass die Reaktionen a und b bei Primitiven und Kleinkindern sowie die Reaktionen cf und g bei Ungeübten stattfanden.

Schoen [71] fand heraus, dass die Reaktion auf Musik mit den psychologischen Ebenen zusammenhängt, auf denen sie auftritt, sowie mit Empfindung, Wahrnehmung und Vorstellungskraft. Die sensorische Reaktion ist physiologisch und bei jedem vorhanden. Es ist die Quelle, von der jede andere musikalische Entwicklung abhängt. Es erfordert ein Mindestmaß an geistiger Anstrengung und seine Auswirkungen sind sowohl für intellektuell Unterlegene als auch für Überlegene leicht zu begreifen. Als Empfindung ist Musik entweder angenehm oder unangenehm. Ausbildung und Erfahrung können zu höheren Reaktionstypen führen, abhängig vom individuellen Wunsch und der Fähigkeit, Musikgeschmack und Bildung zu entwickeln. Die nächsthöhere Reaktion ist wahrnehmungsbezogen und ihre Verteilungsebene sorgt für Aufregung oder Ruhe. Das höchste Maß an Reaktion ist imaginär.

„Viele der Musikstücke, die wir hören, haben wir schon einmal gehört, und aus diesem Grund verbinden wir sie mit einer Vielzahl von Erinnerungen mit angenehmer oder unangenehmer Färbung. Der Hörer erinnert sich vielleicht nicht an die genaue Zeit oder Gelegenheit, bei der er die ausgewählte Musik schon einmal gehört hat, und dennoch kann er eine Reihe von Bildern haben, die eindeutig auf seine eigene Vergangenheit verweisen."

Meyer [71] fasst die Anziehungskraft, die Musik auf Zuhörer haben kann, wie folgt zusammen: 1. Emotionale Reaktion, 2. Suggestierte Assoziationen, 3. Personifizierung eines Subjekts, 4. Ihr Wert als Objekt.

IV

MUSIKALISCHER GESCHMACK

Die Auswahl der Musik für die Patienten kann auf viele Arten erfolgen. Am einfachsten und am wenigsten zuverlässig ist es, die Musik zu verwenden, die dem Musiker, der das Programm leitet, am besten gefällt. Ein solches Programm wird zweifellos bei einigen Patienten auf Zustimmung stoßen, aber es ist unwahrscheinlich, dass es bei allen auf Zustimmung stößt. Nichtpsychiatrische Patienten sollten die Musik bekommen, *die sie* möchten.

Über spezifische Musik für bestimmte Patientengruppen ist viel geschrieben worden. Es gab erhebliche Vorurteile gegenüber „guter Musik"; das ist „gut" im Verhältnis zu intellektuellen Werten. Aber Musik an sich kann weder gut noch schlecht sein. Die Durchführung oder Angemessenheit für den Anlass oder die Person kann fraglich sein, aber die Antwort muss vom Patienten kommen. Wir müssen das Ziel der Musik für bettlägerige oder chronisch hospitalisierte Patienten im Auge behalten. Für sie ist Musik ein Stimmungsaufheller und eine Quelle des Vergnügens. Die meisten Menschen haben Lieblingslieder, aber das Ausmaß des Verlangens nach ihnen oder nach Musik hängt von der Tageszeit, der Art des Tages und vielen anderen Faktoren ab. Der Geschmack des Patienten variiert nicht nur mit Alter,

Ausbildung, Nationalität und Herkunft, sondern auch mit so intrinsischen und unergründlichen Dingen wie der Persönlichkeit und den Denkgewohnheiten.

„Musikgeschmack ist eine Volksart, eine Konvention, die sich genauso verhält wie die Volksweisen in anderen Tätigkeitsbereichen. Begleitet wird dieser Geschmack vom konventionellen „Gewissen", das vorschreibt, was „richtig" und was „schön" ist. Es ist mehr oder weniger immun gegen Widersprüche und ist beunruhigt über die Aussicht auf Veränderung" [59].

Die Musik eines bestimmten Komponisten ändert sich nicht, aber das Publikum wird sich durch das Aufkommen neuer Musik- und Lebensformen verändern. Die Werke des 18. Jahrhunderts erfreuten sich, von wenigen Ausnahmen abgesehen, bei ihren Zeitgenossen großer Beliebtheit, finden aber heute nur ein kleines Publikum.

Der Musikgeschmack eines Individuums ändert sich von der Kindheit bis zum Erwachsenenalter merklich, aber die Veränderung vollzieht sich allmählich, und mit Ausnahme derjenigen, die sich intensiv mit Musik beschäftigen, ist die Veränderung während eines Lebensjahres kaum spürbar. Selbst etablierte Favoriten werden für den Einzelnen weniger begehrenswert.

„Nach einer bestimmten Anzahl von Wiederholungen, die sowohl von der Erfahrung des Hörers als auch von der Komplexität des Stücks abhängt, lässt der Genuss nach. Man könnte hier die Hypothese aufstellen, dass die Geschwindigkeit des Popularitätsanstiegs direkt proportional zur Geschwindigkeit des Popularitätsverlusts ist ... wie der steile Anstieg der Popularität der flüchtigen Hits und ihr anschließender jäher Abstieg in die Vergessenheit zeigen." [59]

Unter den vielen Faktoren, die manchmal großen Einfluss auf den Musikgeschmack haben, sind zeitgenössische Ereignisse besonders hervorzuheben. Während eines Krieges begrüßen die Menschen Lieder, die von ihrer Tapferkeit, dem bevorstehenden Sieg oder der Verhöhnung des Feindes singen. Solche Lieder werden eher wegen ihres literarischen als wegen ihres musikalischen Inhalts populär, aber sie beeinflussen den Geschmack indirekt, da der einzige Geschmackstest darin besteht, welche Lieder die Menschen bereitwillig anhören.

Soldaten nehmen ausländische Lieder und Marschlieder auf und bringen sie als Souvenirs und Lieblingsstücke mit nach Hause. Es ist mittlerweile allgemein anerkannt, wie groß und nachhaltig ein solcher Einfluss sein kann.

Wie auch immer der Musikgeschmack des Patienten sein mag und wie er darauf gekommen ist, er sollte befriedigt werden. Sobald eine Person den Status eines Patienten erreicht, kommt es sofort zu einer psychischen Depression, die sich ohne Gegenmaßnahmen weiter verschlimmern kann.

Der Patient kann Ängste, Furcht, Selbstmitleid oder Langeweile entwickeln. Es kann zu sensorischen Depressionen aufgrund von Schmerzen, Sehstörungen oder Behinderungen kommen. Zusätzlich zu diesen belastenden Faktoren können unerwünschte Reaktionen auf die Umgebung, das Personal und die Monotonie medizinischer oder pflegerischer Routinen auftreten. Alle Anstrengungen sollten darauf gerichtet sein, traurige Selbstbeobachtung durch freudige Erfahrungen zu ersetzen. Die Formel für Freude ist sehr persönlich. Obwohl die meisten Menschen über einige komische Situationen lachen, lässt sich die Reaktion auf Musik nur auf der Grundlage individueller Wünsche vorhersagen. Bei der Person, die Patient wird, verändert sich der Musikgeschmack möglicherweise nicht grundlegend, aber ihr Appetit kann durch Stimmungsschwankungen verändert werden, und das ist von größter Bedeutung.

„Mehr Menschen äußern den Wunsch nach Musik, die dynamisch der bestehenden Stimmung ähnelt, als nach Musik mit entgegengesetzter Wirkung. Der Grad des Genusses wird geringfügig von der Art der stattfindenden Stimmungsänderung beeinflusst." [71]

Es ist möglich, dass traurige Musik für diejenigen, die dafür empfänglich sind, angenehmer ist als fröhliche Musik. Dennoch bereitet fröhliche Musik bei sonst gleichen Bedingungen denjenigen, die sie hören möchten, wahrscheinlich mehr Freude als traurige Musik ihren Anhängern.

Der Genuss von Musik hängt nicht nur davon ab, wie angenehm sie ist, sondern auch davon, wie vertraut sie ist. Diese Wiedererkennung kann eine Identitäts- oder Ausdrucksweise sein. Die meisten Menschen mögen Popmusik, weil sie mit ihrer Form oder ihrem Tempo vertraut sind oder weil sie sie summen oder benennen können.

Der Musikgeschmack des Patienten kann leicht ermittelt werden, indem man ihm eine Checkliste mit den Namen von fünfzig oder mehr Titeln aus dem gesamten Spektrum musikalischer Formen anbietet. Eine allgemeine Vorstellung von der Beliebtheit klassischer Stücke lässt sich anhand der Verkaufszahlen von Tonträgern und der Häufigkeit, mit der bestimmte Stücke von den besseren Symphonieorchestern aufgeführt werden, ableiten. Die Beliebtheit zeitgenössischer Angebote lässt sich anhand von Umfragen in Magazinen wie *Variety* und *Down Beat* oder durch das Hören von Radiosendungen wie „The Hit Parade" ermitteln.

Der Musikgeschmack ist eng mit der Aufführung verbunden. Wenn ausgewählte Stücke unsachgemäß oder ohne Berücksichtigung bestimmter elementarer Aspekte gespielt werden, verliert die Musik für den Patienten ihren Wert. Eine kurze Betrachtung muss die Auswirkungen von Arrangement, Tempo und Lautstärke umfassen, mit der die Stücke gespielt werden, da diese nachweislich die Wirkung der Stücke beeinflussen. Viele

Menschen nennen, wenn sie nach ihrer Lieblingsmusik gefragt werden, eher einen Künstler oder eine Band als ein bestimmtes Stück, weil sie den charakteristischen Stil der bevorzugten Künstler bevorzugen und der Stil eines Orchesters eng mit diesen Faktoren zusammenhängt. Manche Zuhörer bevorzugen laute Musik, aber man muss bedenken, dass, obwohl Schall erst ab einem Pegel von 125 Dezibel schmerzhaft wird, es einige Menschen gibt, für die der Schmerzpegel viel niedriger ist, und Überempfindlichkeit gegenüber Schall eine wichtige Quelle der Reizung ist. Andere können durch zu schnelle Musik gestört werden, was berücksichtigt werden muss.

Die Erwartung spielt eine wichtige Rolle im Geschmack. Die meisten Menschen, die darauf konditioniert wurden, die klassische Verwendung der Tonleiter und traditionelle Harmonie zu erwarten, können keine Freude an der ungewöhnlichen Tonstruktur der Moderne finden, wie sie bei Schönberg oder sogar Strawinsky zum Ausdruck kommt. Ein Krankenhausaufenthalt ist nicht der richtige Lebensabschnitt, um sich mit der Schönheit von Innovationen vertraut zu machen.

Musikalischer Geschmack ist erworben und immer relativ und basiert, wie Diserens [24] betont hat, auf der „Gewohnheit des Hörens". Ein historisches Beispiel hierfür ist die Entwicklung der Konsonanzen. Für die Griechen war die Oktave die einzig echte Konsonanz. Im fünften Jahrhundert wurden die Quinten- und Quartenintervalle in diese Klassifizierung aufgenommen. Im 11. Jahrhundert wurde die große Terz als solche akzeptiert, die kleine Terz musste jedoch bis zum 12. Jahrhundert warten. „In der Musik ist die Gewohnheit des Hörens das Gesetz, und durch sie wird die Ausnahme von gestern zur Regel von heute."

Die beste Analyse des musikalischen Appetits findet sich in der Aussage des hl. Thomas von Aquin: „Bonum est in quod tendit appetitus" – das Gute ist das, wonach der Appetit strebt. Wir wiederholen, es gibt keine gute oder schlechte Musik. Musik kann schlecht gespielt werden, aber die Bewertung des Guten in der Musik ist persönlich. „Vergnügen und nur Vergnügen ist der eigentliche Zweck der Kunst", sagte Walter Sickert. Musiker tun gut daran, sich daran zu erinnern, dass Geschmack aus der allmählichen Vermischung von Gefühl, Erfahrung und Bildung resultiert. Es ist daher besser, „einen Walzer von Lehár von ganzem Herzen zu genießen, als eine thematische Analyse einer Beethoven-Sonate durchführen zu können und dennoch davon unberührt zu bleiben." [36]

V

ZUSAMMENFASSUNG

Für nicht psychiatrische Patienten sollte die musikalische Programmierung auf den Wünschen des Patienten basieren. Wichtige Faktoren für die Stimulation sind schnelles Tempo, betonter Rhythmus und erhöhte

Lautstärke. Zur Beruhigung sind langsames Tempo und reduzierte Lautstärke sowie einfache erkennbare Melodien angezeigt. Eine gewisse Diskussion der zu befolgenden Auswahl ist eine wertvolle Hilfe für die Freude am Zuhören. Live-Musiker sollten so oft wie möglich eingesetzt werden.

KAPITEL DREI
MUSIK ALS BESCHÄFTIGUNGSTHERAPIE

Bis in die zweite Hälfte des 18. Jahrhunderts bestand die institutionelle Behandlung psychisch erkrankter Menschen in der pflegerischen Betreuung. Das bedeutete Unterkunft, Nahrung und Zurückhaltung. Die Qualität der Unterkünfte schwankte in den meisten Fällen von sehr schlecht bis schlecht. Die Qualität des Essens war nicht so vielfältig – es war einfach schlecht. Die Qualität der Fessel war ausgezeichnet. Mit wenigen Ausnahmen bedeutete die Einweisung eine lebenslange Internierung. Gewalttätige Patienten wurden an die Wand gekettet, denn wer konnte schon sagen, wann sie nach einer Zeit der Ruhe wieder gewalttätig werden würden? Geistesgestörte galten nicht als Patienten mit einer Geisteskrankheit, sondern als Insassen, die ihren gemeinschaftlichen Wert und ihre soziale Attraktivität verloren hatten. Dr. Philippe Pinel vom Salpêtrière-Krankenhaus in Paris war anderer Meinung und begann, diese Menschen noch als Menschen zu betrachten. Zu den Reformen, die er einführte, gehörte der Einsatz von Aktivitäten, um Geist und Körper mit Dingen zu beschäftigen. Dieses Konzept wuchs zunächst langsam, erlangte aber schließlich allgemeine Akzeptanz, wurde als wirklich therapeutisch wertvoll angesehen und erhielt den Namen Ergotherapie.

Während des Ersten Weltkriegs waren viele Militärpatienten für längere Zeit in Krankenhäusern eingesperrt und warteten auf ihre vollständige Genesung. Es wurde festgestellt, dass diejenigen, die sich mit solchen körperlichen Aktivitäten beschäftigten, die den Einsatz ihrer verletzten Extremitäten erforderten, diese Extremitäten schneller wieder nutzen konnten als diejenigen, die körperlich untätig blieben. So entstand ein Zweig der Ergotherapie, der als *funktional bezeichnet wurde* , um ihn von der früheren psychiatrischen Anwendung zu unterscheiden.

Funktionelle Ergotherapie dient der Steigerung von drei Funktionen: Muskelkraft, Gelenkbeweglichkeit und Bewegungskoordination. Den größten Nutzen findet es bei Patienten, die in die Obhut von Fachärzten namens Orthopäden und Neurochirurgen fallen. Orthopädische Patienten sind Patienten mit einer Erkrankung oder Behinderung eines oder mehrerer Gelenke oder Knochen. Die häufigste Gelenkerkrankung ist die Arthritis, von der es verschiedene Varianten gibt. Die häufigste Knochenschädigung während des Krieges ist der Knochenbruch. Arthritis verhindert normalerweise die vollständige Beweglichkeit des Gelenks. In manchen Fällen wird das Gelenk ruhig gestellt, um die Heilung zu beschleunigen. Fast alle gebrochenen Knochen werden durch Gipsverbände oder Zug fixiert und können sich während der Heilung nicht bewegen. Die längere Ruhephase, die durch Knochen- und Gelenkerkrankungen erforderlich ist, führt dazu, dass die Muskeln geschwächt oder verkümmern und die Gelenke einen Teil ihrer Beweglichkeit verlieren. Wenn der Krankheitsverlauf einen Punkt erreicht hat, an dem keine Ruhe mehr erforderlich ist, besteht das Hauptziel der medizinischen Behandlung darin, die frühere Funktion wiederherzustellen. Das bedeutet die Wiederherstellung von Kraft und Mobilität. Dies geschieht mittels Physio- und Ergotherapie. Die Physiotherapie umfasst den Einsatz von Wärme, Massage und angeleiteten Übungen. Ergotherapie ist Bewegung durch Arbeit – zielgerichtete, produktive Arbeit mit Anreiz. Der Anreiz besteht aus zwei Gründen: etwas Nützliches zu produzieren und die Genesung zu beschleunigen.

Bei Patienten, die eine Zerstörung oder eine andere Erkrankung der Nerven erlitten haben, die ihre Muskeln aktivieren, kommt es zu einem unterschiedlich starken Verlust der Muskelkraft, der als Lähmung oder Lähmung bezeichnet wird. Wenn ein Nerv gedrückt oder durchtrennt wird, heilt er normalerweise so, dass die Muskelkraft wiederhergestellt werden kann. Während der Dauer der Beeinträchtigung kommt es nicht nur zu einem Leistungsverlust, sondern häufig auch zu Störungen der Haut, der Gelenke und noch anderer Funktionen. Als Folge der Nervenstörung oder der daraus resultierenden Nichtbenutzung verliert der gelähmte Körperteil die Fähigkeit, seine Muskeln mit Leichtigkeit und maximaler Sparsamkeit zu nutzen. Es gibt fast keine Bewegungen, die von einzelnen Muskeln ausgeführt werden. Die meiste Aktivität resultiert aus der Kontraktion einer Muskelgruppe und diese stehen normalerweise in einem empfindlichen Gleichgewicht mit anderen Muskelgruppen, die eine Überbeanspruchung entweder unterstützen oder verhindern. Die normalerweise vorhandene feinfühlige Anpassung der Muskelgruppen führt zu koordinierten Bewegungen. Nach einer Nervenerkrankung oder auch der Ruhigstellung von Gelenken und Muskeln kommt es meist zu einem mehr oder weniger starken Verlust der Koordination. Die Muskeln müssen neu trainiert werden, um zusammenzuarbeiten. Eine solche Koordination kann durch spezielle Übungen erreicht werden, aber noch schneller und effizienter durch die Nachahmung der Bewegungen des Lebens. Dies ist das Ziel der funktionellen Ergotherapie.

Es gibt noch andere Krankheitszustände, die von Beschäftigungstherapie profitieren können. Dazu gehören andere Behinderungen, die mit Kraft-, Bewegungs- oder Koordinationsverlust einhergehen. Wenn die Haut verbrannt ist, bleibt während der Heilung normalerweise eine gewisse Narbenbildung zurück. Wenn die Narbe ein Gelenk auf der Beugefläche (d. h. innerhalb der Beuge) umfasst, entsteht eine Deformation, die als Beugekontraktur bezeichnet wird. Wenn nichts dagegen unternommen wird, wird der Verkrüppelungsprozess fortschreiten und eines Tages ein Stadium erreichen, das nicht mehr anders als durch plastische Chirurgie korrigiert werden kann. Das frühzeitige Dehnen solcher Gelenke verhindert nicht nur eine fortschreitende Behinderung, sondern kann auch zu einer gewissen Verbesserung führen.

Es werden noch viele weitere Hinweise für den Nutzen von Bewegungsübungen gegeben. Da es sich hierbei jedoch nicht um einen medizinischen Text handelt, dienen die vorangegangenen Arten von Behinderungen als Beispiele für häufig auftretende Erkrankungen.

Die Handwerke, die zuerst in der funktionellen Arbeit eingesetzt wurden, waren Überbleibsel derjenigen, die bei Geisteskrankheiten am hilfreichsten waren, und waren größtenteils erholsamer und einfacher Art, wie Korbflechten, Weben und grafische Künste. In jüngerer Zeit wurden fast alle Kunsthandwerke sowie motorisierte Werkzeuge eingesetzt.

Die Ergebnisse der beruflichen Betätigung hängen von der Attraktivität der herstellbaren Objekte, der benötigten Energie, der Geschicklichkeit und Geduld des Ergotherapeuten und Patienten sowie dem Stadium und dem Ausmaß der Behinderung ab. Bei denen, die nicht „handlich" sind oder aufgrund ihrer Behinderung immer ungeschickter geworden sind , kann es zu Ungeduld, Langeweile und Müdigkeit kommen. Die Ergotherapie ist immer auf der Suche nach neuen Aktivitäten oder Modalitäten, wie sie in der Praxis bekannt geworden sind. Musik kann als Übung in der Ergotherapie sowie als Untermalung und Entspannungseinlage eingesetzt werden.

Die Finger professioneller Pianisten und Geiger sind sehr stark, denn die instrumentale Manipulation erfordert und entwickelt Kraft und Koordination. Musik als Übung kann nicht nur wegen ihrer Wirkung auf die meisten Gelenke und Muskeln des Körpers eingesetzt werden, sondern auch, um die Nutzung von Lunge und Kehlkopf zu steigern. Es lenkt die Aufmerksamkeit durch den Einsatz visueller, akustischer und taktiler Sinne und regt geistige Aktivität und Interesse an.

Viele Instrumente können zur Mobilisierung von Gelenken und Muskeln eingesetzt werden. Wenn einem Patienten ein Musikinstrument als Beschäftigungstherapie verschrieben wird, kann es sein, dass der Patient aufgrund mangelnder Allgemeinbildung oder musikalischer Bildung oder aus Angst, etwas Neues zu lernen, Widerstand leistet. Wie erfolgreich dieser Widerstand überwunden werden kann, hängt von den Fähigkeiten des Musikassistenten ab, nicht nur als Musiker, sondern auch als Lehrer. Der Musikassistent muss den Patienten davon überzeugen, dass die Grundlagen der Musik viel einfacher zu erlernen sind, als allgemein angenommen wird. Der Musikunterricht ist vor allem bei Kindern berüchtigt, die Reglementierung, Störungen ihrer Spielzeiten und die lange Zeit, die der Minutenzeiger braucht, um die Uhr zu umrunden, nicht mögen. Der Musikassistent kann diese Beobachtung anführen und den Patienten davon überzeugen, dass Erwachsene leichter spielen lernen. Das Interesse kann geweckt werden, indem man andere Patienten nennt, die kürzlich spielen gelernt haben, und indem man die Vorteile der Musik für eine schnellere Genesung aufzeigt.

Unabhängig von ihrer anfänglichen Einstellung zum Musikunterricht sind die meisten Patienten bald mit ihren Fortschritten und ihrer Fähigkeit, Noten zu lernen, zufrieden. Besuche in der Bastelwerkstatt erfolgen normalerweise nach Vereinbarung und der Patient verlässt sie, sobald seine „Zeit" abgelaufen ist. Das durch den Instrumentalunterricht neu erworbene Wissen hält den Patienten länger bei der Arbeit und der musikalische Assistent wird ihn ohne Überredung und für wünschenswert längere Zeiträume zum weiteren Üben wiederkommen sehen.

Klavier. Bevor über den Einsatz des Klaviers in der Ergotherapie nachgedacht wird, sollte ein Blick auf die Arbeit von Ortmann [64] geworfen werden.

Ein Gelenk ist der Punkt, an dem zwei Knochen miteinander verbunden sind. Bei jedem beweglichen Gelenk ist das Gleiten einer Oberfläche auf einer anderen das wesentliche Merkmal. Mit den Seiten der beiden Knochen in der Nähe ihrer Enden sind Bänder verbunden, die stark und unelastisch sind und die Gelenke in der Gelenkhöhle halten und verhindern, dass das Gelenk seinen normalen Bewegungsbereich überschreitet. Aber die Funktion, die Knochen zusammenzuhalten und in verschiedenen Positionen zu halten, gehört zu den steuernden Muskeln. Knochen werden normalerweise durch mindestens zwei Muskelgruppen aktiviert, die Bewegungen in entgegengesetzte Richtungen bewirken. Normalerweise stehen die Muskeln unter einer leichten, aber konstanten Spannung, die als *Tonus bezeichnet wird*, und der gleichzeitige Zug der Muskeln auf beiden Seiten des Gelenks drückt die Knochenoberflächen näher zusammen und hält den Muskel in einem Zustand, der eine sofortige Aktion ermöglicht.

Gelenke bewegen sich aufgrund der Kontraktionen der Muskeln. Die meisten Bewegungen werden nicht von einem einzigen Muskel ausgeführt, sondern durch die koordinierte Kontraktion verschiedener Muskeln und die gleichzeitige Entspannung ihrer Antagonisten. Als Folge der Muskelkontraktionen findet eine chemische Veränderung statt, die Substanzen im Muskel produziert, die eine gute Muskelarbeit beeinträchtigen. Normalerweise werden diese Abfallprodukte vom zirkulierenden Blut mit ausreichender Geschwindigkeit abtransportiert, um spürbare Auswirkungen zu verhindern. Wenn der Muskel jedoch diese schädlichen Chemikalien schneller produziert, als der Blutstrom sie abtransportieren kann, ist dies die Folge von Ermüdung. Die früheste Manifestation von Ermüdung ist die Unfähigkeit, sich zu entspannen, und die zweite Kontraktion kann eingeleitet werden, bevor die Entspannung vollständig ist. Die zweite Auswirkung von Ermüdung ist eine Beeinträchtigung der Kontraktionsrate und -qualität. Für eine vollständige Genesung sind nur relativ kurze Entspannungsphasen erforderlich, aber diese Phasen sind wichtig. Wenn normale Muskeln Klavier üben, wird die Ermüdungsgrenze selten erreicht, aber bei geschwächten Muskeln von Patienten muss der Ermüdung vorgebeugt werden, indem die Dauer des kontinuierlichen Spielens begrenzt und angemessene Ruhepausen eingelegt werden. Beim normalen Klavierspielen kommt es zu kurzen Ruhephasen, da nach der Tonerzeugung eine reflexartige Entspannung eintritt und weniger Muskelenergie erforderlich ist, um die Taste gedrückt zu halten, als um sie herunterzudrücken.

Muskeln werden durch winzige bioelektrische Impulse, die über ihre motorischen Nerven eintreten, zur Kontraktion angeregt, aber die Eigenschaft der Kontraktion ist unabhängig vom Nerv und kann auch durch künstliche externe Reize durch Elektrizität oder mechanische Kraft erreicht werden. Die Qualität der Kontraktion ist eine Funktion, die von der Gesundheit und Ernährung des Muskels abhängt. Die Ernährung des Muskels hängt von seiner Blutversorgung ab, die teilweise von seiner Wärme abhängt. Feine Bewegungen sind für kalte Muskeln schwierig und künstliches Aufwärmen vor dem Training ist ratsam, eine Tatsache, die bei kaltem Wetter noch wichtiger wird.

Aus Sicht des Patienteninteresses und der Anleitung ist das Klavier das beste Instrument. Wenn es mit Pianola-Befestigungen ausgestattet ist, ist es das Instrument, das die größte Bandbreite an Aktivitäten bietet. Da sich das Klavier nur schwer bewegen lässt, ist das Spielen auf den Raum beschränkt, in dem es steht, und es besteht kein Grund zur Sorge, dass es andere Patienten stört, wenn der Übungsraum schallisoliert ist oder in einiger Entfernung von den anderen Patienten liegt. Das Klavier bietet hervorragende Möglichkeiten zur Beugung der Finger und des Daumens, zur Streckung, Abduktion und Adduktion des Handgelenks sowie zur Beugung und Abduktion der Schultern und zur Übung von Nacken und Rücken.

Das Klavier kann für die Verwendung durch Patienten mit hängenden Gliedmaßen angepasst werden, die durch am Klavier oder am Hals des Patienten befestigte Tragegurte gestützt werden können. Es lässt sich sogar mit einer umständlichen Flugzeugschiene zufriedenstellend nutzen, wenn der übliche Klavierstuhl durch eine sehr niedrige Bank ersetzt wird. Die Höhe der Bank kann so angepasst werden, dass sich Tastatur und Hand auf gleicher Höhe befinden, und die Herausforderung dieser Position wird den Patienten umso mehr dazu zwingen, seine Finger zu benutzen.

Bei Kontrakturen, die durch Verbrennungen an den Händen entstehen, bietet das Klavier ein hervorragendes Mittel, um die Beweglichkeit der Gelenke zu steigern. Beim Drücken der Tasten werden die Finger stark gebeugt. Die Tastenfläche ist wesentlich breiter und einfacher zu bedienen als die der Schreibmaschinentaste. Das Klavier schreckt daher psychologisch weniger ab als die Schreibmaschine. Fehler am Klavier sind weniger ärgerlich, weil es außer der Erinnerung nichts zu löschen gibt, und die Erinnerung an unangenehme Dinge ist glücklicherweise nur von kurzer Dauer. Durch spezielle musikalische Arrangements und zusätzlicher Notation neben den gedruckten Noten können einige Finger einzeln oder in beliebiger Kombination trainiert werden. Die körperliche Betätigung oder Koordination ausgewählter Finger kann durch die Verwendung markierter Musik subtiler erreicht werden, als dies bei den meisten Handwerken möglich ist. Manche Lehrer mögen es vielleicht vorziehen, die Tasten des Klaviers mit den entsprechenden Buchstaben zu kennzeichnen, aber das ist im Unterricht für Erwachsene nicht wirklich nötig. Ein großes Diagramm der Klaviertasten über der Tonleiter, für die sie stehen, kann vorteilhaft an der Wand über dem Klavier angebracht werden.

Es wird empfohlen, dass die ersten Klavierstunden fünfzehn Minuten dauern und die Zeit täglich um fünf Minuten verlängert wird, bis die Lektion eine halbe Stunde ausfüllt. Da die Belastung durch das Klavierspielen sehr gering ist, kann die erste Unterrichtsstunde auf Wunsch des Arztes 30 Minuten dauern. Der Patient sollte ermutigt werden, auch zu anderen Tageszeiten frei zu üben, solange sein Interesse aufrechterhalten werden kann. Besonderes Augenmerk muss auf den Einsatz der zu trainierenden Finger gelegt werden. Wie bei allen Formen der funktionellen Ergotherapie wird der ungeduldige Patient versuchen, seine Arbeit zu beschleunigen, indem er gesunde Gelenke beansprucht oder Muskeln falsch einsetzt. Der musikalische Helfer muss sich vor dieser Versuchung hüten. Obwohl Standardmusik für Anfänger verwendet werden sollte, ist es für den Lehrer gut, bei jeder Sitzung einfache Arrangements beliebter Melodien zu verwenden, um dem Patienten einen Anreiz zu geben. Äußert der Patient den Wunsch, eine bestimmte Melodie zu spielen, sollte der Ausbilder ein eigenes Arrangement schreiben, falls keines verfügbar ist.

Die Tasten des Klaviers können auf viele Arten effektiv erreicht werden und es ist möglich, fast alle Muskeln der oberen Extremitäten zu trainieren, indem man auf verschiedenen Ebenen spielt. Um die Muskeln des Schultergürtels zu trainieren, können laute Töne gespielt werden, indem man die Hände fixiert und die Schultern hebt und senkt. Die Schulter selbst kann durch weite seitliche Bewegungen entlang der Tastatur abduziert und adduziert werden. Beugung und Streckung des Handgelenks werden durch Staccato-Bewegungen erreicht. Die seitliche Bewegung der Handgelenke wird teilweise durch die Knochenstruktur eingeschränkt, kann aber durch Arpeggio-Arbeit erreicht werden.

Die Daumenbewegung spielt beim Klavierspielen eine sehr wichtige Rolle. Die *Opponens*- Bewegung (Berühren des letzten Fingers mit dem Daumen) ist beim Spielen *von Arpeggios sehr wichtig* , insbesondere bei großen Intervallen, *die legato gespielt werden* . Tatsächlich ist kaum eine gezielte Aktivität bekannt, die für die volle Ausübung des *Opponens*- Bereichs nützlicher ist als diese Aktivität. Die Noten müssen mit Zahlen gegriffen werden, die den Zeigefinger auf einer Note halten, während der Daumen im Abstand von zwei oder drei Tönen zur nächsthöheren Note hinabgleitet. Um die Taste herunterzudrücken, ist eine Beugung des Daumens erforderlich. Der Daumen kann durch das Spielen von Akkorden oder durch das Spielen von *Legato*- Passagen in fast jedem beliebigen Grad abduziert werden.

Alle Bewegungen der Finger sind möglich. Zur aktiven oder passiven Streckung der Finger sollten häufig die schwarzen Tasten genutzt werden. Wenn die Hand in der normalen Position gehalten wird, um die weißen Noten zu spielen, können die schwarzen Tasten nur durch Ausfahren gespielt werden. Durch normales Spielen sind verschiedene Beugungsgrade der Gelenke möglich. Die Spreizung der Finger, die eine Funktion der dorsalen Interossei-Muskeln ist, kann durch das Üben von Akkorden erreicht werden, deren Spannweite mit zunehmender Kraft und Reichweite vergrößert werden sollte.

Geige. Bei den meisten Tätigkeiten, die den Einsatz beider Hände erfordern, werden die feineren Bewegungen bei Rechtshändern mit der rechten Hand ausgeführt. Bei der Geigenfamilie ist die Situation umgekehrt, und diese Saiteninstrumente sind für die Übung der linken Finger und des rechten Ellenbogens von größtem Wert. Wenn das Interesse des Patienten groß ist, gibt es keinen Grund, warum die normalen Positionen nicht so vertauscht werden können, dass der Fingersatz bei einer Geige mit umgekehrten Saiten von der rechten Hand ausgeführt wird.

Die Geige wird für die Beugung der linken Finger empfohlen, ist jedoch für die Beugung und Streckung des rechten Ellenbogens von größerem Nutzen. Es ist zweitrangig für die Beugung und Streckung des Handgelenks sowie die Abduktion und Adduktion der Schulter wichtig. Die Bewegungsanalyse für Cello und Bassgambe ähnelt der der Violine. Die schwereren Instrumente erfordern mehr Bewegung an der Schulter. Streichinstrumente sind weniger beliebt als das Klavier, da zwei grundlegende Techniken gleichzeitig erlernt werden müssen; Richtiger Fingersatz und korrekter Bogenstrich. Die Vibration der angeschlagenen Klaviersaiten ist bei unterschiedlichem Druck

[II.] relativ gleichmäßig, die Qualität des Geigenklangs, wie er vom Anfänger erzeugt wird, kann jedoch entmutigend unangenehm sein.

Plektruminstrumente. Plektruminstrumente ermöglichen ein ausgezeichnetes Training des Handgelenks der rechten Hand und der Finger der linken Hand. Die Ukulele ermöglicht eine bessere Streckung der Finger, wenn man sie mit den Fingern berührt, als dies bei den meisten anderen Kunsthandwerken der Fall ist. Die Gitarre bietet eine noch stärkere Beugung der Finger, die die Saiten herunterdrücken, als die Geige. Alle diese Instrumente erfordern Supination und Pronation des Handgelenks sowie eine gewisse Beugung und Streckung des Ellenbogens. Sie sind beliebter als Streichinstrumente und haben den zusätzlichen Vorteil, dass sie so leicht zu erlernen sind, dass der Spieler in relativ kurzer Zeit einfache Liedbegleitungen spielen kann. Die Vielfalt der Instrumente in dieser Kategorie ermöglicht ein breites Spektrum an Energieanforderungen.

Fußinstrumente. Obwohl es mehrere Instrumente gibt, bei denen die unteren Extremitäten zum Einsatz kommen, gibt es nur zwei, die sich problemlos für den Krankenhausgebrauch anpassen lassen – das Pianola und die Salonorgel. Für Ersteres sind keine Kenntnisse oder musikalischen Fähigkeiten erforderlich und die Nutzung steht allen offen. Der Abstand zwischen der Bank und den Pedalen bestimmt in gewissem Maße die aufgewendete Energie und den möglichen Gelenkbewegungsbereich. Die Spielgeschwindigkeit hängt von der benötigten Energie ab. Wenn die Bibliothek der Pianola-Rollen groß und umfassend genug ist, um den Anforderungen des Geschmacks des Patienten gerecht zu werden, kann mit einem angemessenen Arbeitsaufwand gerechnet werden.

Die mit dem Fuß betriebene Orgel ist auch ein hervorragendes Fußgelenkstraining. Selbst Ungeübte werden das Timbre der Noten und die Klangqualitäten, die beim Ziehen verschiedener Register entstehen, interessant finden. Die anhaltenden Klänge und die Neuheit, eine Orgel zu spielen, die zu Hause nicht mehr alltäglich ist, sind große Anreize zum Spielen. Der Unterricht auf der Orgel, die eine kleinere Tastatur und langsamere Manipulation als das Klavier hat, ist angenehm und einfach. Bei kombinierten Behinderungen der oberen und unteren Extremitäten ist die Orgel ein ausgezeichnetes Instrument. Jede Musikabteilung eines Krankenhauses sollte eine besitzen. Auf den Dachböden dieses Landes gibt es genug ungenutzte Orgeln, um den Bedarf der meisten Krankenhäuser zu decken.

Die Bassdrum mit angeschlossenem Fußpedal ist natürlich kein Soloinstrument, aber wenn sie im Ensemble oder mit einem kompletten Satz Fallen und einer kleinen Trommel verwendet wird, kann sie ein gewisses Interesse wecken und für Menschen mit Knöchelbehinderungen einen gewissen Nutzen bringen. Der Einsatz beschränkt sich auf die Aktivität der Muskeln und Gelenke unterhalb des Knies. Es kann von Patienten verwendet werden, die eine am Knöchel drehbare Beinstütze tragen.

„Taschen"-Instrumente. Von allen Blasinstrumenten, die für den Unterricht von Anfängern zur Verfügung stehen, sind jene am wünschenswertesten, die keine Rohrblatt- oder Lippenkenntnisse erfordern. Am einfachsten zu spielen ist die „Kazoo" oder jedes andere Instrument, das das Prinzip einer Membran verkörpert, die im Klang der menschlichen Stimme vibriert. Man muss nur summen können, und es ist wertvoll für Patienten, die schwer zu unterrichten sind, weil es sogar den stumpfsinnigsten ermöglicht, mitzumachen. Die Kazoo ist besonders nützlich für Kinder oder psychiatrische Patienten und kann die Melodie für „Rhythmusbands" liefern. Die Okarina, die Singflöte und ähnliche Instrumente sind relativ leicht zu beherrschen, aber der von ihnen erzeugte Ton ist für viele lästig. Die Blockflöte ist leicht zu spielen und erzeugt einen angenehmen Klang. Die Mundharmonika wurde zu einem Instrument entwickelt, das nicht unangenehm anzuhören ist, aber die Bemühungen des Anfängers sind möglicherweise nicht allzu willkommen. Die Querpfeife erfordert mehr Kraftaufwand und ist für manche Ohren hart. Die Flöte ist für den Einsatz im Krankenhaus zu schwierig, und der Anfänger könnte in seiner Angst einen „Blackout" durch anhaltendes Blasen erleiden.

Die Rohrblatt- und Blechblasinstrumente sind für den funktionellen Gebrauch nicht geeignet. Ihre Verwendung ist auf chronische Patienten beschränkt, da das Erlernen einer zufriedenstellenden Bedienung viel Zeit in Anspruch nimmt.

Blasinstrumente können bei Patienten eingesetzt werden, deren Lungenerkrankung sich soweit verbessert hat, dass der Arzt ein Lungentraining für angezeigt hält. Der frühe Einsatz von Lungentraining nach einer atypischen Viruspneumonie hat sich als besonders vorteilhaft erwiesen.

Blasinstrumente können auch zum Trainieren der Gesichtsmuskulatur während der Erholungsphase einer Gesichtslähmung eingesetzt werden. Ihr Potenzial zur Dehnung der Narben um Mund und Wangen sollte berücksichtigt werden.

Schlaginstrumente. Die Snare Drum ermöglicht die Bewegung der Handgelenke, Ellbogen und Schultern. Nur wenige Männer oder Kinder können der Versuchung widerstehen, Snare Drum zu spielen. Der Wunsch nach längerem Spielen ist nicht allzu groß, aber wenn während der Übung aufgenommene Musik gespielt wird, kann die Dauer ausreichend verlängert werden. Die Bass Drum ermöglicht, wie bereits erwähnt, das Beugen und Strecken des Knöchels, wenn sie mit dem Pedal verwendet wird, und auch dies kann interessant gestaltet werden, wenn gleichzeitig aufgenommene Musik gespielt wird.

Andere Schlaginstrumente sind in Krankenhäusern möglicherweise nicht allgemein verfügbar, aber die Möglichkeiten, die sie bieten, werden hier aufgelistet. Die Pauke ermöglicht die Rotation der Arme. Xylophon und Marimba erfordern keine großen Bewegungsradien, bringen aber die Muskeln der oberen Extremitäten, des Nackens und des Rückens ins Spiel und fördern die Koordination. Für Kinder ist das Spielzeugxylophon ein willkommenes Spielzeug und eine ausgezeichnete Form der Beschäftigungstherapie für die oberen Extremitäten. Ein neues Spielzeug, das *Typatune* , das wie eine Schreibmaschine bedient wird, bietet die Möglichkeit zum Fingertraining.

Es gibt noch andere Instrumente, die man als Musikinstrumente bezeichnen kann und die Übungsmöglichkeiten bieten. Es ist durchaus möglich, dass eine tragbare Handorgel erhältlich ist. Die Neuheit, eine solche Orgel zu bedienen, ist als Anreiz zum Üben nicht zu unterschätzen, insbesondere bei jüngeren Menschen. Sowohl die Drehleier als auch das handbetriebene Victrola bieten Übungen für Handgelenk, Ellbogen und Schulter. Indem diese Instrumente in unterschiedlichen Abständen vom Boden oder Patienten platziert werden, können viele Bewegungsbereiche erreicht werden.

Mit der Harfe können Sie den Sägezahnmuskel sowie die Muskeln und Gelenke der oberen Extremitäten hervorragend trainieren. Allerdings ist ihre Bedienung komplizierter als die der meisten Instrumente, und selbst wenn sie verfügbar wäre, wäre die Anleitung durch einen Harfenisten erforderlich, von denen es jedoch zu wenige gibt.

TECHNIK

Die Zuweisung von Patienten zum Instrumentalspiel sollte auf die gleiche Weise erfolgen wie andere Zuweisungen in der funktionellen Beschäftigungstherapie. Der Arzt sollte das Instrument verschreiben, das den Bedürfnissen des Rekonvaleszenten am besten entspricht. Er sollte dem musikalischen Assistenten in Anwesenheit eines Beschäftigungstherapeuten die gewünschten Bewegungen und die zu beachtenden Vorsichtsmaßnahmen erklären. Er sollte die Zeitlimits für die erste und die folgenden Unterrichtsstunden festlegen. Im Allgemeinen kann man sagen, dass die erste Unterrichtsstunde etwa fünfzehn Minuten dauern sollte oder bis der Patient Anzeichen von Ermüdung zeigt. Dieser Zeitraum sollte allmählich auf eine halbe Stunde verlängert werden. Der Patient sollte ermutigt werden, so oft wie möglich zum weiteren Üben an das Instrument zurückzukehren. Wenn viele Patienten Unterricht erhalten, muss ein regelmäßiger Zeitplan für zusätzliche Übungsstunden erstellt werden. Nach einer relativ kurzen Zeit wird die musikalische Phase der Beschäftigungstherapie reibungslos verlaufen und der Arzt wird in der Lage sein, die meisten Einzelheiten an den Beschäftigungstherapeuten zu delegieren, der die Unterrichtsstunden häufig beaufsichtigen sollte, um die gewünschte Gelenkbewegung sicherzustellen und den Fortschritt zu dokumentieren. Der Beschäftigungstherapeut sollte den Fortschritt messen und Notizen machen. Unter entsprechender Aufsicht kann der Einsatz von Musik als funktionelle Beschäftigungstherapie ebenso wissenschaftlich sein wie jeder andere Zweig der Beschäftigungstherapie und ist derzeit die einzige Anwendung von Musik, die man mit Fug und Recht als „Musiktherapie" bezeichnen kann.

Die folgende Tabelle dient als Referenz für einige Bewegungen, die mit einigen der beschriebenen Instrumente möglich sind.

Teil	*Bewegung*	*Instrument*
Finger	Alle	Klavier
Finger	Verlängerung	Ukulele
Daumen	Alles außer Adduktion	Klavier
Handgelenke	Flexion – Extension	Klavier
Ellbogen	Pronation – Supination	Gitarre
Ellbogen	Flexion – Extension	Geige
Schulter	Entführung – Adduktion	Klavier
Nacken	Alle Anträge	Xylophon
Zurück	Alle Anträge	Bassgambe
Hüften	Entführung – Adduktion	Organ
Knie	Flexion – Extension	Pianola
Knöchel	Flexion – Extension	Salonorgel

STIMME

Singen wird seit langem zur Behandlung von Stottern und anderen Sprachbehinderungen eingesetzt. Durch Singen können auch Kiefer,

Kehlkopf, Lunge und Zwerchfell trainiert werden. Bei richtiger Anleitung kann Singen eine hervorragende Übung für die Brust- und Bauchmuskulatur sowie eine Atemübung sein.

Bei Patienten mit einem kürzlich verdrahteten Kieferbruch sorgt Singen für eine sanfte Gelenkbewegung und gibt ihnen das Vertrauen in die Fähigkeit zurück, den Kiefer wieder zu benutzen. Dasselbe gilt für Patienten mit einer sich erholenden Kiefergelenkerkrankung. Ein Patient mit eingeschränkter Kieferbewegung kann nicht gut artikulieren, kann aber ähnlicher singen als sprechen wie ein gesunder Patient. Das Singen kann mit Summen beginnen und über Tonleiterübungen bis hin zum eigentlichen Gesangsunterricht fortschreiten.

Wenn mehrere Patienten für Stimmübungen zur Verfügung stehen, ist ein Trio, Quartett oder eine andere Gruppenbesetzung interessanter. Außer in Krankenhäusern, die sich auf die Behandlung chronischer Krankheiten spezialisiert haben, macht die Fluktuation der Patienten das Singen in der Gruppe unsicher.

FUßNOTEN:

[II.] *„ Im Jahr 1913 fand eine Diskussion über die physikalische Bedeutung dieser mystischen Qualität namens „Touch" statt, mit der ein Spieler versucht, die Qualität der Noten zu variieren ... aber man kam zu dem Schluss, dass die Geschwindigkeit des Anschlags alles war konnte vom Spieler variiert werden. "*

Richardson, EG – Sound, S. 106

KAPITEL VIER
Psychiatrie und Musik

„Seine Musik macht mich wahnsinnig, lass sie nicht mehr erklingen,
denn obwohl sie Verrückten hilft, ihren Verstand zu verbessern, scheint es
mir, dass sie kluge Männer verrückt machen wird."
Richard III. , Shakespeare

Gaston [31] glaubt das

„Der Hauptgrund für die Künste im Laufe der Menschheitsgeschichte waren
die daraus resultierenden Vorteile für die geistige Hygiene. Der gemeinsame
kreative Drang, der Wunsch nach Ablenkung und die Suche nach
befriedigendem Ausdruck sind bei allen Menschen vorhanden. Musik – vor
allem Kunst – garantiert die Erfüllung dieser elementaren Triebe, und darin
liegt ihr größter Wert."

Die suggestive Kraft der Musik hat zu einer Reihe von Legenden geführt, die
bis zum Ursprung der Zivilisation zurückreichen. Aber die Methoden der
experimentellen Physiologie, die so präzise sind, wenn es um das Studium
organischer Funktionen geht, führen zu keinem klaren und einfachen Bild
angesichts so komplexer und subjektiver Reaktionen wie denen ästhetischer
Emotionen und künstlerischer Freuden. Die Aufgabe, die Wirkung von
Musik auf den Geist zu bewerten, wird durch die persönliche Gleichung
immer schwieriger, und wenn dazu noch die Verzerrung durch
Geisteskrankheiten hinzukommt, muss bei der Vorgehensweise, Technik
und den Empfehlungen, die beim Einsatz von Musik in der Psychiatrie zu
befolgen sind, große Vorsicht walten gelassen werden [27]. Altschuler [3] stellt
fest, dass Musik die Libido stimuliert, die er definiert als

„die große amorphe Kraft, der Lebensfunke, aus dem der Wille zum
Vergnügen, die Sehnsucht nach Liebe oder die Leidenschaft zur
Fortpflanzung ihren Ursprung haben."

Er glaubt, dass Musik die einzige „Medizin" ist, die dabei hilft, instinktive
Kräfte in sozial akzeptable Formen umzuwandeln.

„Durch Musik angeregt, kann der Mensch seinen niederen Instinkten immer
noch freien Ausdruck verleihen, getarnt durch Jitterbugging und Boogie-
Woogie... Tatsächlich verfügt ein Mittel über therapeutischen Scharfsinn, das
das Instinktive mit dem Sozialen und das Sinnliche mit dem Spirituellen in
Einklang bringen kann."

Die Beziehung zwischen Musik und Geist ist offensichtlich, aber die Art der
Beziehung, die einige Musiker zu oberflächlichen Behauptungen über
Kunstfertigkeit geführt hat, bleibt für die meisten Psychiater ein

verlockendes, aber unklares Gebiet. Die meisten Schriften zu diesem Thema wurden von Musikern verfasst und sogenannte Ergebnisse, die mit Musik bei Geisteskranken erzielt wurden, wurden ohne medizinische Anleitung oder den Einsatz wissenschaftlicher Methoden ausgewertet. Ärzte zögern, neue Ideen zu akzeptieren, die nicht auf unbestreitbaren Beweisen beruhen. Begeisterte Laien würden dies vielleicht als reaktionär bezeichnen, und sie hätten nicht ganz Unrecht. Es ist die Reaktion auf die zu schnelle Verbreitung von Folklore, Kulten und Heilmitteln, mit der Ärzte kämpfen mussten, um die Medizin auf dem höchstmöglichen Niveau zu halten. Es ist das einzige Mittel, mit dem sie Kranke vor skrupellosen oder sogar wohlmeinenden Menschen schützen können, die aus persönlichem Gewinn oder aus unbegründeter Überzeugung Heilungen unter Berufung auf zufällige oder gefälschte Ergebnisse versprechen. Aufgrund von Sitte, Ethik und Landesgesetzen ist die Behandlung von Krankheiten Sache des zugelassenen Arztes.

Der Begriff „Musiktherapie" wird fast ausschließlich im Zusammenhang mit der Behandlung psychischer Erkrankungen mit Musik verwendet. Der Begriff „Therapie" leitet sich von einem griechischen Verb ab, das „ *heilen* " *bedeutet* . Eine Heilung kann nur von einem qualifizierten Arzt oder unter seiner Anleitung durchgeführt und bestimmt werden. Ansprüche kann jeder geltend machen. Um den Heilwert eines Verfahrens festzustellen, müssen gewisse Kriterien beachtet werden. Zunächst einmal muss die Krankheit genau klassifiziert werden, sodass die Leiden einer Reihe von Patienten für Studien wissenschaftlich gruppiert werden können. Dann muss das therapeutische Mittel über konstante Eigenschaften verfügen, die eine kontrollierte Dosierung ermöglichen. Und schließlich muss die richtige Verabreichung des Mittels bei demselben Krankheitszustand einen einigermaßen hohen Prozentsatz an Ergebnissen zeigen, die nachweislich für die Kontrolle oder Beseitigung der Symptome oder der Krankheit von Nutzen sind.

Bis vor relativ kurzer Zeit waren die Ursachen der meisten Krankheitszustände unbekannt und Krankheiten wurden nach ihren oberflächlichen Merkmalen benannt. Die meisten neu benannten Krankheiten werden nach den Erregern benannt, die sie verursachen, oder nach den Abweichungen vom Normalzustand, die in den betroffenen Körpergeweben festgestellt werden (Pathologie). In der Psychiatrie tragen die meisten Krankheiten die Namen, die ihrem äußeren Erscheinungsbild zugeordnet wurden.

Eine Vereinfachung der Begriffe unterteilt Geisteskrankheiten in drei allgemeine Klassen: Psychosen, Psychoneurosen und Verhaltensstörungen.

Die Unterteilungen dieser Klassen sind nicht allgemein anerkannt und der Musiker, der in einer psychiatrischen Klinik arbeitet, wird sich schnell mit der vor Ort gebräuchlichen Terminologie vertraut machen.

Dieser Text soll eher als Leitfaden für das Vokabular dienen als als Einführung in die Psychiatrie. Im Folgenden wird ein kurzer Überblick über einige der wichtigsten Symptome psychischer Erkrankungen gegeben. Das wissenschaftliche Material basiert auf dem ausgezeichneten Text von Noyes [62].

Die folgende Liste der häufigsten psychischen Erkrankungen basiert auf der Klassifizierung des Nationalen Komitees für Psychische Hygiene.

Psychosen

- Allgemeine Parese

- Alkoholiker

- Verhärtung der Hirnarterien

- Senilität

- Involutionäre Melancholie

- Manisch depressiv

- Schizophrenie

Psychoneurosen

- Hysterie – Angst, Bekehrung

- Hypochondrie

Schwachsinn

Verhaltensstörungen

- Fehlanpassung

- Gewohnheits- oder Verhaltensstörung

Psychopathische Persönlichkeit

- Amoralisch, unmoralisch, emotional

Detaillierte Beschreibungen sind für den Laien verwirrend, da innerhalb einer Krankheitsunterklasse die möglichen Variationen aufgrund von Dauer, Zeitpunkt des Ausbruchs, mentalem Hintergrund usw. sehr groß sind. Es werden nur Verallgemeinerungen erwähnt.

Die beiden Hauptgruppen psychischer Erkrankungen – Psychosen und Psychoneurosen – lassen sich nicht immer ohne weiteres unterscheiden. Beim Psychotiker ist die Persönlichkeit meist verzerrt, während beim Psychoneurotiker die Persönlichkeit in Bezug auf die Realitäten der Welt und des sozialen Lebens normal bleibt. Der Psychotiker ist deutlich geistesgestörter, der Psychoneurotiker gilt meist als nahezu normal.

Eine allgemeine Lähmung ist eine Spätfolge der Syphilis. Der Patient wird zunehmend vergesslich und desinteressiert sich zunehmend seiner Umgebung und seinen sozialen Beziehungen gegenüber. Es kommt zu einem allmählichen Verlust des Urteilsvermögens und anderer geistiger Fähigkeiten. Der Gesichtsausdruck wird leer und die Sprache undeutlich. Bei dieser Krankheit verschwindet der Kniereflex, ein Anzeichen, das im Volksmund mit „verrückten Menschen" in Verbindung gebracht wird. Es handelt sich um eine fortschreitende Krankheit, die im Verlauf immer schwieriger zu behandeln ist. Die Behandlung besteht zum Zeitpunkt dieses Schreibens aus der Verwendung von arsenhaltigen Medikamenten und der Erzeugung von Fieber beim Patienten. Die Ergebnisse sind normalerweise nicht bemerkenswert. Eine Rückkehr zur Normalität ist ungewöhnlich. Musik kann für solche Patienten in keiner Weise als heilend oder gar hilfreich angesehen werden.

Alkoholische Psychose ist das Ergebnis anhaltenden exzessiven Trinkens. Der Patient ärgert sich normalerweise über Kritik, weil er davon überzeugt ist, dass seine Rückschläge ihn zum Trinken getrieben haben. Der anhaltende Alkoholkonsum lockert Hemmungen, führt zu antisozialem Verhalten und führt zu mehr Kummer, den man in noch mehr Alkohol ertränken kann. Alkoholische Psychose beginnt normalerweise plötzlich mit geistiger Verwirrung, Muskelzuckungen, die als Tremor bekannt sind, und lebhaften, visuellen Vorstellungen, die als Halluzinationen bekannt sind. Die Behandlung solcher Patienten umfasst Alkoholentzug und den Einsatz von Beruhigungsmitteln. Eine dieser Maßnahmen ist ein längeres Bad in einer Wanne mit Wasser, das knapp unter der Körpertemperatur liegt. Sobald sich der Patient bis zur Genesungsphase erholt hat, kann Musik eingesetzt werden. Manche Alkoholiker singen gerne in der Gruppe, insbesondere wenn die Gruppe ausschließlich aus anderen Alkoholikern besteht. Jede Ermutigung, sich Nichtalkoholikern beim Gruppensingen anzuschließen, oder jede Verwendung von Musik, die ein dauerhaftes Interesse an einem neuen Instrument oder einer Abwechslung wecken könnte, wäre wertvoll. Diesen Patienten fehlt es an selbst auferlegter Disziplin. Wenn Musik als Disziplin eingesetzt werden kann, kann dies zu einem verringerten Alkoholkonsum führen.

Arteriosklerotische Psychose. Wie der Name schon sagt, handelt es sich hierbei um eine Erkrankung älterer Menschen, die wahrscheinlich mit einer Verhärtung der Hirnarterien zusammenhängt. Zu den Symptomen können emotionale Instabilität, geistige Erschöpfung, Desinteresse und ein gewisser Gedächtnisverlust gehören. Der Patient beginnt, alt auszusehen und sich alt zu benehmen. Die Behandlung besteht aus Pflege, körperlicher Ruhe und geistiger Beschäftigung. Musik eignet sich gut für diese Kombination. Es ist angezeigt, täglich mehrere Stunden lang leise alte Klassiker zu spielen. Wenn bestimmte Musikstücke gewünscht werden, sollten diese natürlich auch gespielt werden.

Es gibt eine andere Krankheit, die dieser ähnelt: die sogenannte Alterspsychose. Normalerweise kann sie zu Hause behandelt werden und wird es auch.

Involutionäre Melancholie tritt in einem Alter auf, in dem bestimmte wichtige biologische Funktionen des Körpers nachlassen oder sich zurückentwickeln. Bei Frauen liegt dieses Alter normalerweise bei 45 Jahren, bei Männern kann es zehn oder mehr Jahre später sein. Die Erkrankung tritt vor allem bei Personen auf, die zuvor kein durchschnittliches Leben geführt haben. Eine Untersuchung der Persönlichkeit solcher Patienten zeigt normalerweise, dass sie desinteressierte und uninteressante Menschen mit wenigen engen Freunden waren. Eine ungünstige Erfahrung kann Sorgen und Unruhe hervorrufen. Sie werden traurig und übertreiben die kleinen Sünden ihrer Vergangenheit. Sie entwickeln falsche Überzeugungen, sogenannte Wahnvorstellungen, über ihre Umgebung oder sich selbst. Mindestens die Hälfte von ihnen erholt sich nie vollständig.

Es gibt wenig, was man für sie tun kann, außer eine gesunde Ernährung und Hygienemaßnahmen zu fördern, damit es ihnen körperlich gut geht. Einige Ärzte empfehlen möglicherweise den Einsatz von Musik für solche Patienten, um ihre Aufmerksamkeit von sich selbst abzulenken . Bekannte Melodien werden empfohlen, aufgrund der Altersgruppe eignen sich am besten alte Lieblingsmelodien.

Manisch-depressive Psychosen sind in den meisten großen psychiatrischen Kliniken eine relativ häufige Erkrankung. Sie wird so genannt, weil ein und derselbe Patient Phasen der Erregung oder Depression haben kann, die durch Phasen scheinbaren Wohlbefindens getrennt sind. Die Phase der Aufregung beginnt mit Arroganz, Selbstsicherheit, Überschwang und Energie und ähnelt oberflächlich betrachtet dem angenehm ausgelassenen Betrunkenen auf einem nationalen Kongress. Der Patient spricht schnell, histrionisch und mit einem Wortspiel, das „Ideenflucht" genannt wird, weil jeder neue Satz neue Ideen vorschlägt, auf die sich der Patient einlässt und den Hauptgedankenstrom verlässt. Diese Aufregung kann bis zu dem Punkt anhalten, an dem die ermüdungsfreie Fahrt bemerkenswert groß ist. Darauf kann eine gegenteilige Reaktion folgen oder auch nicht.

In der depressiven Phase fühlen sich die Patienten möglicherweise niedergeschlagen, sprechen langsam und wirken besorgt. Ein Gefühl der Unzulänglichkeit kann zu Selbstbestrafung und Selbstmordabsichten führen. Die Symptome können bis zur völligen Inaktivität fortschreiten, die als Stupor bezeichnet wird.

Die erste Manifestation dieser Krankheit ist normalerweise manisch, die erste depressive Phase tritt Jahre später auf. Die Anfälle dauern etwa sechs Monate oder länger, und obwohl sie normalerweise zu einem späteren Zeitpunkt wiederkehren, kann dies auch anders sein. In der Zeit zwischen den Anfällen kann der Patient ganz normal erscheinen und zu seinen früheren Aktivitäten zurückkehren.

In der manischen Phase werden häufig Beruhigungsmittel verabreicht. Stimulierende Musik würde die Störung nur noch verstärken. Wenn der Arzt Musik verschreibt, sollte es beruhigender Art sein, vorzugsweise eine Auswahl, die durch ihre Vertrautheit die Aufmerksamkeit des Patienten erregt.

In der depressiven Phase sollten Patienten keine fröhliche und heitere Musik hören. Unterhaltung vertieft den depressiven Zustand oft, weil der Kontrast und das Bewusstsein für das eigene Problem den Genuss verhindern.

Schizophrenie bedeutet wörtlich Spaltung des Geistes. Es handelt sich um eine Gruppe von Zuständen, bei denen die normalerweise harmonische Mischung aus Emotionen, Intellekt und Antrieb durcheinandergeraten ist und zu scheinbarer Inaktivität und daraus resultierender Apathie führt. Beim *einfachen* Typus verliert der Patient das Interesse an seiner Umgebung und seinen Pflichten. Dieses Ergebnis ist bei Landstreichern und Straftätern zu beobachten.

katatonisch bekannten Typ gibt es Phasen der Erregung oder des Stupors. Im stuporösen Zustand ähnelt die Haltung des Patienten der eines Automaten. In diesem Zustand ist es schwierig, Kontakt mit dem Patienten aufzunehmen, der sich weigert, zu kooperieren oder sich auch nur zu bewegen. Auf den Stupor folgt manchmal katatonische Erregung, die sich durch dieselbe zwecklose Abwesenheit von Emotionen äußert, aber auch unerwartete destruktive Handlungen beinhalten kann.

Es gibt einen weiteren Typ, der als *paranoid bezeichnet wird* und bei dem der Patient falsche Verfolgungsvorstellungen entwickelt, sowie einen hebephrenen Typ, bei dem der Patient noch unzugänglicher und unaufmerksamer wird.

Schizophrenie galt einst als unheilbar, doch heute gilt sie als behandelbar und etwa ein Viertel der Betroffenen erholt sich nach dem ersten Anfall vollständig.

Bei der Behandlung dieser Patienten wird oft versucht, ihr Interesse an realen Dingen und ihr soziales Bewusstsein zu fördern. Es ist notwendig, die Aufmerksamkeit zu stimulieren und sie auf Dinge außerhalb des Patienten zu lenken. Musik spielt bei dieser Krankheit eine wichtigere Rolle als bei jeder anderen psychischen Erkrankung, und diese Krankheit kann mehr als die Hälfte der Patienten in vielen psychiatrischen Kliniken ausmachen.

Altshuler und Shebesta [4] versuchten, vier aufgeregte weibliche Schizophrene in Verbindung mit Hydrotherapie mit Musik zu behandeln. Um eine Grundlage für die Bewertung der Wirkung zu haben, wurden die Stimmproduktionen und Kopfbewegungen 30 Minuten lang aufgezeichnet. Diese Kombination wird als „Output" bezeichnet. Die Beobachtungen wurden über einen Zeitraum von sechs Wochen an fünf Tagen pro Woche für zwei bis drei Stunden pro Tag durchgeführt. Zwei Patienten erhielten während der Beobachtungszeiträume durchgehend Bäder und zwei kalte, nasse Lakenpackungen. Ein Geiger spielte die ersten 30 Minuten hinter einem Wandschirm. Während der ersten 10 bis 20 Minuten des Spiels wurden keine Veränderungen festgestellt, und die Patienten schienen der Musik gegenüber mehr oder weniger unaufmerksam zu sein. Bald stellte sich heraus, dass bekannte Melodien am wirksamsten waren, um ihre Aufmerksamkeit zu zentrieren und aufrecht zu erhalten. So begannen sehr laute und aufgeregte Patienten möglicherweise, ein bekanntes Lied mit der Geige zu singen, wobei ihre Energieabgabe auf dem gleichen Niveau blieb, sie aber von irrelevanter, zweckloser Aktivität zu der gezielten Aktivität des Singens oder Summens einer Melodie wechselten. Es wurde auch festgestellt, dass die Wirkung bekannter Melodien weit über das Ende der Musik hinaus anhielt, was sich darin zeigte, dass sie nach dem Ende der Musik weitersangen. Es zeigte sich, dass vertraute Walzer die beste Musikart waren, um die Patienten zu beruhigen. Die Wirkung war jedoch noch größer, wenn ihnen lebhaftere Melodien vorausgingen, die ihre Aufmerksamkeit fesselten.

Zur Kontrolle wurden die Patienten in trockene Laken gelegt und nach zwanzig bis dreißig Minuten Musik verringerte sich die Leistung im gleichen Ausmaß (50 %), wie bei Patienten in nassen Packungen beobachtet wurde. Dies zeigte, dass möglicherweise allein die Musik für den beruhigenden Effekt verantwortlich war.

Diese Autoren kommen zu dem Schluss, dass die musikalische Begleitung dazu neigt, das Gefühl zu verhindern, dass hydriatische Maßnahmen eine

Bestrafung seien, und dass die Rückkehr echter Erinnerungen ein natürlicher Ersatz für Zustände der Fantasie und Erregung sei.

Das spürt auch Julia Eby [29].

„Wenn bei der Entwicklung der musikalischen Begabung eines Menschen Wert auf die Freude gelegt wird, die es weiteren Zuhörern bereiten wird, wird ihm die gesellschaftliche Bedeutung seiner eigenen Leistungen bewusst gemacht und dies fördert die Entwicklung der Persönlichkeit als beitragendes Mitglied die Gemeinde.

„Musik liefert die emotionale Energie, die nötig ist, um Unzufriedenheit in mentalen Wiederaufbau umzuwandeln. Das Spielen von Musik weckt Assoziationen, die den Intellekt anregen, und wenn dies ausreicht, gibt es Zufriedenheit und stärkt das Selbstwertgefühl." Aber „Wir müssen darauf achten, nur solche Aktivitäten anzuregen, die ein Erfolgserlebnis mit sich bringen."

„Die intellektuellen Reize der Musik bringen den Verbrauch emotionaler Energie von unbewussten Ebenen auf bewusste und intellektuell kontrollierte Ebenen … eine Konzentration auf Umweltreize anstelle von intrapsychischen Impulsen, ein beharrliches Bemühen, das eigene Verhalten an Gruppenstandards anzupassen."

Altshuler [2] weist darauf hin, dass der Sitz aller Empfindungen, Emotionen und ästhetischen Gefühle (der Thalamus) nicht an psychischen Erkrankungen beteiligt ist und von Musik direkt angegriffen wird. Die musikalische Stimulation des Thalamus überträgt sich automatisch von dieser Ebene „unterhalb des Bewusstseins" auf die Hirnrinde.

„Solange der Patient akut gestört ist, ist kaum eine konstruktive Therapie möglich; daher ist alles wünschenswert, was die Störung abmildern und eine für den Patienten vertraute Assoziation hervorrufen kann und die Gedanken wieder auf eine reale Ebene bringt."

Psychoneurose unterscheidet sich von Psychosen dadurch, dass der Patient erkennt, dass er krank ist und gesund werden möchte, obwohl sein stärkerer unterbewusster Wunsch dies nicht tut. Es werden mehrere Typen erkannt.

Hysterie ist eine unbewusste Reaktion einer Person, die ein persönliches Problem durch die Entwicklung eines oder mehrerer Symptome lösen möchte. Wenn dies bewusst geschieht, nennt man es *Simulation* . Jedes physische oder psychische Symptom ist möglich. Beispiele für physische Beeinträchtigungen sind Blindheit, Lähmung, Schmerzen und Wehwehchen. Psychische Erscheinungen können Gedächtnisverlust, Delirium usw. sein. Hysterie ermöglicht es dem Patienten, sein Ziel zu erreichen und seine Selbstachtung zu bewahren. Es ist ein Fluchtmechanismus, um

Verantwortung zu umgehen, Versagen zu entschuldigen oder Aufmerksamkeit zu erregen.

Es gibt viele Behandlungsformen, und jeder Arzt verfolgt seinen eigenen Ansatz. Zu den allgemein anerkannten Methoden gehören Psychotherapie, Überzeugungsarbeit, Suggestion und Psychoanalyse. Bei der Psychotherapie wird der Patient ermutigt, über seinen Zustand zu sprechen und unter Anleitung des Psychiaters die Ursache seiner Schwierigkeiten herauszufinden. Auch logische Überzeugungsarbeit wird eingesetzt, wird aber von den meisten als nicht wirksam angesehen. Einige Hypnoseexperten wenden Suggestion unter Hypnose an. Bei der Psychoanalyse wird versucht, die unterbewussten Gedanken und Erfahrungen zu entdecken, die die Störung verursacht haben.

Musik kann für diese Gruppe von gewissem Wert sein. Levine [56] glaubt, dass

„Viele Menschen erlangen ein Gefühl des Selbstbewusstseins, wenn sie Hobbys wie Musik entwickeln. Das Erlernen eines Musikinstruments kann ein Minderwertigkeitsgefühl kompensieren, insbesondere wenn die Person Fähigkeiten besitzt, die sie unterschätzt."

Das Hören von Musik kann den Patienten dazu anregen, über seinen Zustand oder über Dinge zu sprechen, die ihn beunruhigen. Altshuler [3] ist der Ansicht, dass dort, wo große Patientengruppen mit begrenztem Personal behandelt werden müssen, wie es in Krankenhäusern der Fall ist, die Fälle von Kriegsneurosen behandeln, Gruppenbehandlung die einzige Lösung ist, und dass bei einer Gruppenpsychotherapie Musik unverzichtbar ist, denn sie kann nicht nur „jede Ansammlung von Menschen in eine ‚organische' Gruppe verwandeln. Sie ist eines der wirksamsten Sozialisationsmittel."

Harrington [43] glaubt, dass Musik in der psychiatrischen Klinik einen wichtigen Platz einnimmt, obwohl er technische Unterweisungen für heterogene Gruppen für unwürdig hält. Er ist überzeugt, dass „Massengesang einen therapeutischen Wert hat und dass gedämpfte Instrumentalmusik während der Mahlzeiten wünschenswert ist."

Nach Kraines [54]

„Freizeitgestaltung und Hobbys sind ebenfalls äußerst wichtige Techniken zur Energiefreisetzung. Das scheinbar passive Hören von Musik kann zur Energiefreisetzung führen. Die Passivität ist jedoch nur scheinbar. Die Person, die der Musik folgt, tendiert durch Identifikation dazu, mit der Musik muskulös zu schwingen, mit dem Kopf zu nicken und mit den Füßen zu klopfen; und selbst wenn keine offensichtliche Bewegung stattfindet, gibt es oft eine nicht wahrnehmbare, aber dennoch deutliche Bewegung. Bei vielen Musikformen können solche rhythmischen Bewegungen nur von entspannten Muskeln ausgeführt werden; und angespannte Personen, die von harmonischer Musik beeinflusst werden, sind zwangsläufig entspannt. Einige Sanatorien nutzen das Tanzen zur Musik sehr effektiv als Mittel zur Entspannung der Patienten. Darüber hinaus „fühlt" die Person bei dieser allgemeinen Entspannung und harmonischen Ansprache der Sinne, dass Frieden und Harmonie außerhalb von ihr existieren und trotz ihrer eigenen Probleme weiter existieren werden; und durch einen solchen allgemeinen „Gefühlston" legt die Person ihre Konflikte für eine Weile beiseite. Andererseits regen einige Arten von Musik Personen zu erhöhter Aktivität an (z. B. Kampfmusik, Tanzmusik), da sie dazu neigen, im Takt der Musik schnelle und stakkatoartige rhythmische Bewegungen auszuführen. Die rhythmische Muskelbewegung kann unter dem Einfluss eines geschickten Komponisten eine solche Tonhöhe erreichen, dass die Person erregt, in Hochstimmung versetzt usw. wird. Es sollten Möglichkeiten zur Energiefreisetzung gewählt werden, die dem Patienten Freude bereiten."

In chronischen psychiatrischen Anstalten hat sich die Patientengruppe als äußerst wertvoll erwiesen. Pierce [66] glaubt, dass

„Musik kann eine kooperative Anstrengung für eine gesunde Disziplin sein. Sie neigt dazu, das Gefühl der Isolation aufzubrechen, das bei Geisteskrankheiten so häufig auftritt. Sie hilft bei der Anpassung an den Geisteszustand.

„Erstens muss das Spielen für die Mitglieder ein Vergnügen sein. Das bedeutet, dass es keine strengen Disziplinarmaßnahmen geben darf und dass bei der Korrektur von Fehlern großes Feingefühl geboten ist – vorzugsweise privat, um für den Patienten keine Demütigung zu sein.

„Zweitens: Halten Sie einfache Zahlen bereit, sonst könnten die Ergebnisse die Patienten entmutigen.

„Öffentliche Auftritte außerhalb des Krankenhauses haben den Vorteil, dass sie das Selbstwertgefühl und das Selbstwertgefühl stärken.

„Nehmen Sie eine kleine Anzahl Krankenhauspersonal in die Band auf – aber nicht diejenigen mit großen Fähigkeiten. Je vielfältiger die Instrumentierung, desto erfreulicher ist das Ergebnis für die Teilnehmer."

Geistige Behinderung bedeutet eine unvollständige Entwicklung des Geistes, die den Betroffenen ein unabhängiges Leben unmöglich macht. Die Behinderungsgrade werden nach den Ergebnissen von Intelligenztests eingeteilt: 1. Idiot – geistiges Alter unter drei Jahren. 2. Schwachkopf – Alter zwischen drei und sieben Jahren. 3. Schwachkopf – über acht Jahre alt, aber behindert. Die Behandlung dieser Gruppen besteht aus Pflege und hygienischer Betreuung sowie der möglichen Bildung, und natürlich wird Musik dabei auf rein akademische Weise ihren Teil beitragen.

ZUSAMMENFASSUNG

Musik kann in der Psychiatrie aufgrund ihrer Bedeutung für das Zuhören, die Gruppenbeteiligung und die Klangerzeugung wie folgt eingesetzt werden:

- *1. Durch Zuhören*
-
  - A. Um die Aufmerksamkeit zu verbessern.
  - B. Um das Interesse aufrechtzuerhalten.
  - C. Um die Stimmung zu beeinflussen (um Hochstimmung zu erzeugen usw.).
  - D. Zur Sedierung.
  - E. Energie freisetzen (durch Klopfen mit dem Fuß usw.).
- *2. Durch Teilnahme* (beim gemeinsamen Singen, in Bands usw.)
-
  - A. Um eine gemeinschaftliche Zusammenarbeit herbeizuführen.
  - B. Um Energie freizusetzen.
  - C. Um Interesse zu wecken.
- *3. Durch Klangerzeugung* (Spielen von Instrumenten)
-
  - A. Die Selbstachtung durch Leistung und Erfolg steigern.
  - B. Das persönliche Glück durch die Fähigkeit, anderen zu gefallen, zu steigern.
  - C. Um Energie freizusetzen.

KAPITEL FÜNF
HINTERGRUNDMUSIK

Der durchschnittliche Geist ist nicht in der Lage, sich effektiv auf zwei Denkprozesse gleichzeitig einzulassen, kann aber im Laufe der täglichen Routine gleichzeitig eine Vielzahl geistiger Reize aufnehmen. Wenn einer dieser Reize ein Ton ist, kann er die natürliche Ergänzung zum visuellen Erlebnis sein, ohne die ein Gefühl der Unvollständigkeit entstehen kann. Der Beobachter am Meer ist fasziniert vom zyklischen Rollen der Wellen, und das periodische Krachen der Brandung ist ein wesentlicher Bestandteil des Vergnügens, Wellen zu beobachten. Dennoch kann dieselbe Reihe von Geräuschen für dieselbe Person, die in der Stille ihres Arbeitszimmers versucht, ihre Einkommensteuererklärung auszuarbeiten, sehr verstörend sein. Die Bedeutung des Komplementärklangs wird deutlicher, wenn man die Reaktion eines Publikums untersucht, das sich die „Filme" in Zeiten fehlerhafter mechanischer Stille ansieht. Geräusche als Hintergrund für mentale oder physiologische Prozesse können natürlich oder unerwünscht sein, können aber sehr wichtig sein. Bei sorgfältiger Auswahl gibt es nur wenige Situationen, in denen Musik nicht vorteilhaft als Hintergrund zur Verbesserung der Qualität oder des Vergnügens von Aktivitäten und Leben eingesetzt werden kann.

An dieser Stelle muss noch einmal betont werden, dass der Stellenwert der Musik im Leben der Menschen nicht einheitlich ist und dass für die wenigen, die Musik nicht mögen, Hintergrundmusik nicht zu empfehlen ist.

Hintergrundmusik ist, wie der Name schon sagt, immer zweitrangig gegenüber anderen Aktivitäten. Hier werden nur die Phasen des Themas behandelt, die den Krankenhausalltag betreffen, und zwar in der Reihenfolge ihrer Wichtigkeit: Musik zu Mahlzeiten, schmerzhaften Eingriffen, Gymnastik und Arbeit. Da die beiden letzteren nicht in allen Krankenhäusern anzutreffen sind, werden sie nur kurz behandelt. Das Thema Musik zu Mahlzeiten ist wichtig genug, um ausführlich behandelt zu werden, und wird im folgenden Kapitel behandelt.

Gegenreizung ist eine sehr alte Methode zur Schmerzbehandlung. Bei schmerzhaften Zuständen, bei denen auf keine andere Weise eine spezifische Linderung erreicht werden kann, versuchten und versuchen Ärzte immer noch, den Geist von der Stelle und der Schwere des Schmerzes abzulenken, indem sie die Aufmerksamkeit auf einen anderen Bereich lenkten. Dies kann erreicht werden, indem die Haut über dem betroffenen Bereich gereizt wird, in der Hoffnung, dass die resultierende Entzündung oberflächlicher und sichtbarer wird und auf diese Weise den Schmerz neutralisiert. In einem weniger physischen Sinne lenken Menschen ihre Gedanken von

unangenehmen Themen ab, indem sie sich mit Humor oder anderen Formen
der Unterhaltung beschäftigen. Avicenna, der große Arzt aus Bagdad (980-
1037 n. Chr.), gab in seinen Kanons der Medizin [37] die folgenden
Vorschläge:

„1084 ... Andere Mittel zur Schmerzlinderung: 3. Angenehme Musik,
besonders wenn sie schläfrig macht. 4. Sich mit etwas sehr Fesselndem zu
beschäftigen, lindert die Schwere des Schmerzes."

Musik wird seit Jahrhunderten nicht nur von Musikern und Ärzten, sondern
auch von der Bevölkerung gegen Schmerzen eingesetzt. Auf diese Praxis
wird in einem Brief von Maria Cosway an Thomas Jefferson bezüglich seines
kürzlich verstauchten Handgelenks hingewiesen:

„Ich wünschte, es ginge dir gut genug, um morgen zu uns zu kommen.... Ich
würde deinen Schmerz mit guter Musik lindern [12]."

Im Jahr 1915 verwendeten zwei Chirurgen namens Burdick und Kane Musik
als Ablenkung während der Lokalanästhesie. Sie ermittelten vor der
Operation die Musikvorlieben des Patienten und spielten während der
Operation gedämpfte Musikaufnahmen ab. Später spielten sie in einem
Nebenraum Musik, während die Vollnarkose eingeleitet wurde, und stellten
fest, dass dies mit weniger Widerstand erfolgte [32]. Seit dieser Zeit haben
andere Chirurgen Musik zu ähnlichen Zwecken eingesetzt. Es gibt einige
Operationen, die unter Lokalanästhesie durchgeführt werden und lange
dauern. Das Fehlen von Geräuschen außer furchteinflößendem Flüstern
oder das Vorhandensein von Fachgesprächen kann den Patienten unnötig
beunruhigen.

Der Einsatz von gut ausgewählter Musik oder einem guten Radioprogramm
kann im Operationssaal von großem Nutzen sein. Sein Wert hängt vom
operierenden Chirurgen ab und davon, wie gut er operieren kann, während
Musik abgespielt wird. Es gibt Zeiten während einer Operation, in denen
heikle Manöver anstrengend werden und die falsche Musik oder erhöhte
Lautstärke zu Verzweiflung führen kann. Ein Befürworter der Musik im
Operationssaal hat sie als „psychisches Anästhetikum" bezeichnet [53].

Der Einsatz von Lokalanästhetika in der Zahnheilkunde hat die schmerzfreie
Zahnextraktion ermöglicht. Die meisten Zahnärzte injizieren jedoch vor dem
Bohren von Hohlräumen keine Lokalanästhetika. Für viele Menschen ist
Bohren eine schreckliche Erfahrung. Einige Zahnärzte empfehlen, während
dieses Eingriffs laute Musik zu spielen. Bei einem weiteren Patienten sind in
die Kopfstütze des Behandlungsstuhls Kopfhörer integriert, die für eine
Ablenkung durch den Klang sorgen.

Eine offensichtlichere Verwendung von Ablenkungsgeräuschen im
professionellen Büro ist der Empfang oder das Wartezimmer, um die

Zeitschriften zu ergänzen und die Angst vor dem Warten zu verringern. Musik kann auch bei zeitaufwändigen Behandlungen wie Physiotherapie, Tiefenröntgentherapie und Fiebertherapie eingesetzt werden.

Körperliche Bewegung

Manche Sportarten gelingen am besten, wenn sie von Musik begleitet werden. Platon empfahl eine solche Praxis in seiner *Republik* . In den antiken Triremen oder Booten mit drei Ruderreihen gab es immer einen Tibicen- oder Flötenspieler, nicht nur um den gleichmäßigen Rhythmus unter den Arbeitern aufrechtzuerhalten, sondern um sie zu beruhigen und aufzuheitern. Aus diesem Brauch nahm Quintillian Anlass zu der Aussage, dass Musik es uns ermöglicht, Mühe und Arbeit geduldiger zu ertragen [115].

Während des Sechs-Tage-Radrennens im Madison Square Garden im Jahr 1911 wurden die 46-Meilen-Rennen an drei Abenden getrennt gemessen; die Hälfte wurde zu Musik geritten. Die durchschnittliche Zeit mit Musik betrug 32,6 Meilen pro Stunde, ohne Musik nur 17,9 [51].

Tarchanoff hat das herausgefunden

„Wenn die Finger völlig ermüdet sind, sei es durch freiwillige Anstrengung oder durch elektrische Erregung, hat Musik die Kraft, die Ermüdung verschwinden zu lassen." [74]

Eine solche Beobachtung lässt kaum Zweifel daran aufkommen, dass körperliche Anstrengung produktiver ist, wenn sie mit Musik durchgeführt wird.

Gymnastik. Es ist hier nicht der Ort, den Wert von Calisthenics oder seinen Einsatz in Krankenhäusern zu diskutieren. Bewegung gilt mittlerweile als wichtiges Mittel zur Konditionierung der körperlichen Verfassung, und Calisthenics ist die allgemein praktizierte Übung. Die ordnungsgemäße Durchführung hängt von den Fähigkeiten des Leiters, der Bereitschaft der Teilnehmer und dem Einfallsreichtum ab, der aufgewendet wird, um es interessant zu gestalten. Die Bereitschaft der Gruppe kann durch eine große Anzahl von Künstlern gesteigert werden, aber da dies unproduktiv und arbeitsintensiv ist, ist unter allen Umständen jede Ergänzung willkommen, die das Interesse steigert. Die Vertreter des schwedischen und des deutschen Calisthenics-Systems geben an, gleichermaßen gute Ergebnisse zu erzielen, ersteres verwendet jedoch keine musikalische Begleitung, während einige Schulen in Deutschland, insbesondere die in Hellerau, diese in großem Umfang nutzen. Tatsächlich haben Dalcroze und seine Anhänger eine ganze Ästhetikphilosophie namens „Eurhythmik" entwickelt, die auf der Beziehung zwischen Körperbewegung und Musik basiert.

Unproduktive Übungen können zweifellos durch musikalische Begleitung interessanter gestaltet werden. Musik kann die Ordnungsmäßigkeit von Handlungen regeln, indem sie den Gehörsinn mit dem Sinn für Muskelbewegungen in Verbindung bringt.

Johnson [51] glaubte, dass die Stärke der Muskelkontraktion mit der Intensität und Tonhöhe der begleitenden Musik zunimmt und dass der Punkt der Ermüdung hinausgezögert wird, wenn Gymnastikübungen mit Musik durchgeführt werden, dass aber Unstetigkeit durch Variationen in der Partitur entstehen kann. Alles, was die Aufmerksamkeit von der richtigen Ausführung der Übung ablenkt, ist ein Hindernis, und Musik sollte erst eingesetzt werden, wenn die Übung gründlich gemeistert wurde. Sobald die Übung zur zweiten Natur geworden ist, ist Musik sehr nützlich, da sie als Anreiz wirkt und das Interesse steigert.

Es ist schwierig, sich rhythmisch mit der Musik aus dem Takt zu bewegen. Das Tempo der meisten populären Musikaufnahmen ist zu schnell, um für Calisthenics geeignet zu sein. Aus diesem Grund eignet sich Live-Musik als Begleitung weitaus besser, wobei ein einzelnes Instrument, am besten das Klavier, dafür am besten geeignet ist. Für das Tempo kann sich der Pianist vom Übungsleiter leiten lassen. Das Klavier sollte in einem gleichmäßigen, unveränderlichen Rhythmus gespielt werden. Es sollten bekannte Melodien und Volkslieder verwendet werden. Das Klavier muss laut und mit stark betontem Rhythmus gespielt werden. Hulbert [49] stützte sich weitgehend auf Walzer, Märsche und langsam gespielte Volkslieder. Zu den Liedern, die er am häufigsten verwendete, gehörten „Believe Me If All Those Endearing Young Charms", „Bonnie Dundee" und „O No, John". Hierzulande sind Lieder wie „The Skater's Waltz" und „There's a Long, Long Trail A Winding" für diese Verwendung beliebt.

Idealerweise wird die Übung mit Live-Musik begleitet, sodass das Tempo gut an die Geschwindigkeit der Teilnehmer angepasst werden kann. Wenn kommerzielle Aufnahmen verwendet werden müssen, sollten diese sorgfältig ausgewählt werden, um solche auszuschließen, die Gesangs- oder andere Zwischenspiele enthalten, die die Kontinuität des rhythmischen Musters unterbrechen, und der Bediener sollte das Gerät zwischen aufeinanderfolgenden Übungen stumm schalten.

Der Einsatz von Musik während der Übungen hängt von der Bedeutung ab, die der Ausbilder ihr beimisst. Manche halten den Zeitaufwand und die Mühe möglicherweise für ungerechtfertigt. Andere finden darin vielleicht einen Weg zu besserer Zusammenarbeit oder mehr Vergnügen. Es gibt einen Einsatz von Musik im Zusammenhang mit Gruppenübungen, der dringend empfohlen wird. Das Spielen eines mitreißenden Marsches vor der eigentlichen Übungszeit, während die Teilnehmer zu ihren

Versammlungsorten marschieren, dient als Stimulans und Konditionierer für die anschließende Aktivität.

HEILGYMNASTIK UND TANZ

Wenn eine oder mehrere Muskelgruppen durch Fehlgebrauch oder Krankheit geschwächt sind, ist es sinnvoll, sie in sogenannte Heilgymnastikübungen zur Kräftigung einzubeziehen. Obwohl diese Übungen häufig in Gruppen durchgeführt werden können, sind die Gruppen normalerweise klein. Die Art dieser Übungen und ihre Durchführung können schnell zu Langeweile führen. Sanfte Musik kann als Gegenmittel gegen die Monotonie eingesetzt werden. Die Übungen zur Korrektur von Wirbelsäulendeformationen, die Krabbeln und freies Schwingen erfordern, eignen sich gut für musikalische Begleitung, und Übungen in Form von Tanz zur Korrektur oder Beibehaltung einer guten Haltung werden zweifellos durch Hintergrundmusik verbessert.

Obwohl sie für diesen Zweck nicht allgemein gebräuchlich sind, können Gesellschaftstanz und Stepptanz bei ausgewählten Patientengruppen zur Verbesserung von Behinderungen der Knöchel, Knie und Hüften eingesetzt werden. Moderner oder Ausdruckstanz kann in ähnlicher Weise zur Stärkung und Koordination der oberen Extremitäten eingesetzt werden.

ARBEIT IN EINEM LADEN

In den Krankenhäusern, die über eine Werkstatt für Ergotherapie verfügen, kann Musik eingesetzt werden, um die Umgebung angenehmer zu gestalten und möglicherweise die Ausdauer und Effizienz von Arbeitsprojekten zu steigern.

Als Hintergrund für Arbeiten, die geistige Konzentration erfordern, ist Musik nicht zu empfehlen, obwohl sie von sehr vielen Schülern genutzt wird, die glauben, dass sie ihre Hausaufgaben mit eingeschaltetem Radio besser erledigen können. Wenn die Melodie zu diesem Zeitpunkt zu interessant oder zu beliebt ist, kann sie ablenken, aber wenn das Werk weitgehend körperlich ist, hat sich sanfte Musik als wünschenswertes Hilfsmittel erwiesen. Gatewood [33] untersuchte die Wirkung von Hintergrundmusik auf Arbeiter in einem Architekturbüro und stellte fest, dass die meisten Arbeiter besser und schneller arbeiteten, obwohl eine Minderheit sie als ablenkend empfand. Sie bevorzugten vertraute Musik und empfanden Instrumentalmusik als weniger ablenkend als Gesangsdarbietungen.

In jüngerer Zeit hat dieses Thema die Aufmerksamkeit vieler Forscher auf sich gezogen, die gezeigt haben, dass es bei Fabrikarbeitern wertvoll ist, und es „Industriemusik" genannt haben. [III.] Ihre Erkenntnisse und Schlussfolgerungen sind so eng mit der Verwendung von Hintergrundmusik verbunden, dass einige Auszüge aus der wachsenden Literatur erwähnt werden.

Beckett [2] analysierte die Berichte jener Fabriken, die ihren Angestellten Musik über Lautsprecheranlagen vorspielten. In jedem Werk, in dem die Musik täglich mindestens eine Stunde lang gespielt wurde, verbesserte sich die Arbeitsmoral. Zwei Drittel der Fabriken, in denen pro Schicht mindestens eine Stunde lang Musik gespielt wurde, gaben an, dass ihre Produktion um fünf bis zehn Prozent gestiegen sei. Musik hilft, die Langeweile bei sich wiederholenden Arbeitsabläufen zu lindern, nervöse Anspannungen abzubauen, die Arbeiter abzulenken und die Fabrik insgesamt zu einem attraktiveren Arbeitsplatz zu machen, und steigert so die Arbeitsleistung. Er hält es für unbestreitbar, dass Musik die Produktion steigern kann, weist jedoch darauf hin, dass dieses Ergebnis von der Art und Weise abhängt, wie das Projekt gemanagt wird. Wenn die Akustik oder die mechanische Wiedergabe schlecht ist, kann der Wert der Musik verloren gehen. Der größte Mangel besteht derzeit darin, dass es schwierig ist, geeignete kommerzielle Aufnahmen zu erhalten. Wegen des Lärms in einem durchschnittlichen Werk muss die Lautstärke der Musik etwas höher sein als die der Maschinen. Die durchschnittliche Aufnahme weist jedoch solche Lautstärkeschwankungen auf, dass einige Teile vom Summen der Arbeit übertönt werden und andere Teile zu laut sind. Idealerweise sollten Aufnahmen für Industrial-Musik nur geringfügig in der Lautstärke variieren, „von plus minus zwei Dezibel Tonintensität", und solche sind derzeit nicht in großer Vielfalt verfügbar.

„Die Art der gespielten Musik ist von größter Bedeutung, aber man kann keine einzige Musikart ausschließlich verwenden, ohne den Zuhörer zu langweilen. Wenn Wunschboxen installiert werden, sind es oft die jungen und begeisterten „Jive-Fans", die sie in vollem Umfang nutzen, während die konservativeren Musikliebhaber sich normalerweise zurücklehnen und nehmen, was kommt. Manchmal hat dies zu der falschen Annahme geführt, dass das ganze Werk die rauere Musik wünschte. Nach einem Versuch mit dieser Art von Musik erhielten einige Firmen ungünstige Berichte über die Produktion und verloren das Vertrauen in die Musik. In einigen Fällen wurde die Musik dann ganz aufgegeben, woraufhin es einen solchen Aufschrei der Arbeiter gab, dass das Programm wieder eingeführt und Hot Swing vollständig eliminiert wurde. Beide Extreme sind schlecht. Den Arbeitern zu geben, was sie wollen, ist ein schwierigeres Problem, als es zunächst scheint. Es erfordert nicht einen, sondern mehrere Fragebögen über einen bestimmten Zeitraum, um mit den sich ändernden Geschmäckern Schritt zu halten."

„Musik muss zum richtigen Zeitpunkt gespielt werden, um die besten Ergebnisse zu erzielen. Märsche schaffen eine fröhliche Atmosphäre und sollten sowohl zu Beginn als auch am Ende einer Sitzung gespielt werden. Die beste Tageszeit für Strauss-Walzer sind die sogenannten „Ermüdungsphasen". Der Dreivierteltakt hat etwas, das in Momenten der Müdigkeit sehr erfrischend ist. Außerdem ist die Musik fröhlich und unbeschwert und übertrifft laut Fragebögen, die in drei großen Werken ausgefüllt wurden, alle anderen Formen an Popularität."

In der Ergotherapiewerkstatt des Krankenhauses kann die Musik aus der Lautsprecheranlage, einem Plattenspieler oder dem Radio stammen. In einem durchschnittlichen Krankenhaus scheint es am besten geeignet zu sein, das Radio zu verwenden, das der Therapeut in Abständen von fünfzehn Minuten oder länger wechseln kann, um unaufregende Musik mit geringer Lautstärke zu hören.

FUSSNOTEN:

[III.] *Industriemusik ist nicht mit Arbeitsliedern zu verwechseln. Arbeitslieder werden von Gruppen gesungen, die mühsame oder anstrengende Arbeit verrichten, um einen guten Rhythmus und Geist zu bewahren. Bücher (K., Arbeit und Rhythmus , Leipzig, 1909) analysierten eine lange Liste von Arbeitsliedern und kamen zu folgendem Schluss: 1. Sie erleichtern durch den Rhythmus den synchronen Energieaufwand von einzelnen Personen, die eine gemeinsame Aufgabe ausführen. 2. Sie spornen die Arbeiter durch Scherze, Beschimpfungen oder Hinweise auf die Meinung der Zuschauer an. 3. Sie erwähnen die Arbeit, ihren Fortschritt, ihre Freuden, Ärgernisse, Schwierigkeiten und Belohnungen. 4. Sie informieren alle über die Wünsche und Hoffnungen der Arbeiter. Diese langsamen, rhythmischen Lieder sind völlig ungeeignet für das Maschinenzeitalter, in dem die Maschine den unelastischen Rhythmus für den Arbeiter vorgibt.*

SECHS ESSENMUSIK

Patienten, die ans Bett gefesselt sind oder im Krankenhaus bleiben, empfinden die Mahlzeiten zunehmend als eintönig, obwohl ihnen eine größere Auswahl angeboten wird als zu Hause. Diese Monotonie resultiert teilweise aus der Farbe und Beschaffenheit der Umgebung, dem Personal, der allgemeinen Atmosphäre des Krankenhauses und der einschränkenden Natur der institutionellen Beschränkungen. Beim Essen zu Hause werden einige dieser Faktoren unbewusst durch triviale vertrauliche Gespräche, freundliche Gesichter, individuelle Aufmerksamkeit und die Sicherheit der Dinge, für die „Zuhause" steht, zunichte gemacht.

Es gibt nur wenige Dinge, die getan werden können, um Krankenhausmahlzeiten angenehmer zu gestalten, abgesehen von den Dingen, die am besten vom Koch und Menüplaner erledigt werden; Es ist jedoch möglich, die Freude an Essenszeiten durch die Manipulation bestimmter Umweltfaktoren zu steigern. Eine davon ist die Verwendung von Farbe und *Dekor* in Speisesälen von Krankenhäusern, um die häusliche Umgebung zu simulieren. Am schwierigsten ist dies auf der Station, wo wenig getan werden kann, außer durch die Einführung attraktiver Wandbehänge, die weniger krankenhausähnlich sind, oder durch das Auftragen von Farbe in fröhlichen Farben. Die letztere Methode ist hygienisch und praktisch.

Seit der Antike wird Musik als Begleitung zu Mahlzeiten verwendet. Die Instrumente, die die Alten zu diesem Zweck verwendeten, waren normalerweise solche, die sanfte Töne von sich gaben. Voltaire sagte, dass wir in die Oper gingen, um die Verdauung zu fördern. Im vergangenen Jahrhundert wurde die Tischmusik stilisiert und bestand größtenteils aus halbklassischen Stücken oder Walzern, die von Streicherensembles in langsamem Tempo leise gespielt wurden. In den letzten 25 Jahren hat sich eine Form der Tischmusik entwickelt, die nicht nur eine deutliche Abkehr von der alten darstellt, sondern auch als Quelle für Tanz zwischen und während der Gänge verwendet wird. Ob die physiologischen und psychologischen Auswirkungen des Tanzens während einer Mahlzeit schädlich, nützlich oder bedeutungslos sind, bleibt ungeklärt. Auf jeden Fall scheint es wenig Interesse an der Analyse seiner Auswirkungen gegeben zu haben. In der Zeit, als Tanzmusik beim Abendessen nur an wenigen Orten verfügbar war, war die Zahl derer, die davon betroffen sein konnten, sehr gering. Aber mit der neueren Installation von „Jukeboxen" und anderen Formen mechanisch reproduzierter Musik in allen möglichen Esslokalen ist das Problem eine Untersuchung wert.

Die meisten Menschen empfinden Freude am Verzehr appetitanregender Speisen. Die meisten Menschen empfinden Freude an Musik, die nach ihrem Geschmack gespielt wird. Obwohl die Logik des folgenden Gedankens kritikwürdig ist, klingt es vernünftig zu behaupten, dass zwei gleichzeitig genossene angenehme Erfahrungen zusammengenommen zu einem größeren Glück führen sollten als jede einzelne davon. Lebensmittel wurden eingehend hinsichtlich ihrer Konservierung, Zubereitung, ihres Servierens und der Tageszeit untersucht, zu der jedes Lebensmittel am befriedigendsten ist. Einige der Schlussfolgerungen waren willkürlich, aber größtenteils essen die Menschen das Essen, das ihnen physiologisch und psychologisch gut bekommt. Es gibt keinen besonders guten Grund, warum Erwachsene Müsli nur morgens essen sollten. Es ist zu einer Frage der Gewohnheit oder Werbung geworden, und die Massen haben sich darauf konditioniert, zu glauben, dass Müsli besonders gut zum Frühstück schmeckt. Vor einer Generation unterschied sich das Frühstücksmenü in manchen Haushalten kaum vom heutigen Abendessen. Die Essgewohnheiten haben sich in den Köpfen der meisten Menschen festgesetzt, und es gibt wenig, was man tun kann, um sie schnell zu ändern. Die täglichen Routinen haben auch zu bestimmten musikalischen Konventionen geführt. Bis vor kurzem war Musik zum Frühstück unüblich. Bernard Shaw [65] schrieb: „Musik nach dem Abendessen ist angenehm, Musik vor dem Frühstück ist so unangenehm, dass sie eindeutig unnatürlich ist." Mit dem Aufkommen des Radios hat sich dies geändert, auch wenn Shaw dies nicht getan hat. Kantinen, Friseursalons und andere öffentliche Orte, an denen Menschen ihre Zeit inaktiv verbringen, sind mit Geräten zur Wiedergabe von Musik ausgestattet. Die Praxis, zu Hause mit eingeschaltetem Radio zu lesen oder sogar Schularbeiten zu lernen, ist immer verbreiteter geworden. Das Lebenstempo hat sich so weit erhöht, dass die meisten Menschen, insbesondere die Jüngeren, gerne zwei Dinge gleichzeitig tun, insbesondere wenn eines davon das Hören von Musik ist.

Die Wirkung verschiedener Nahrungsmittel auf die Verdauung und Gesundheit ist bekannt, und die meisten Menschen essen mit einer Regelmäßigkeit, die mit ihrer Kapazität und ihren Bedürfnissen zusammenhängt. Normalerweise können sie die gewünschten Speisen, die Uhrzeit und den Zeitraum für den Verzehr auswählen.

Die ideale Haltung beim Essen ist eine der geistigen Gelassenheit und körperlichen Ruhe. Unter Beachtung bestimmter Kriterien kann Musik entspannend wirken. Die Elemente, die die Entspannung fördern, sind Melodie, Rhythmus und Sanftheit. Eine sorgfältig ausgewählte Musik, die die Mahlzeiten begleitet, kann das Essen angenehmer machen, was für Patienten im Krankenhaus wünschenswert ist.

Essensmusik muss unaufdringlich sein. Es müssen anregende Eigenschaften fehlen, die Aufmerksamkeit erregen. Wenn der Gast die Auswahl, die fünf Minuten zuvor gespielt wurde, sofort benennen kann, war dieses Stück hinsichtlich Partitur oder Leistung zu beeindruckend. Die vielleicht am besten geeignete Form der Abendessenmusik ist die, die von einem kleinen Streichensemble gespielt wird. Auch Klavier und Harfe sind allein oder in Kombination mit dem Ensemble sehr zufriedenstellend. Besonders wünschenswert ist es, wenn das Klavier im zögerlichen Legato-Stil von Eddie Duchin gespielt wird. Die schrillen Klänge der Flöte oder der messingfarbene Klang der Trompete müssen weggelassen werden. Die Musik muss leise und langsam sein. Vermeiden Sie Gesang und seltsame Instrumente.

Die Lautstärke der Musik sollte möglichst auf dem gleichen Niveau gehalten werden, das mit der Musikquelle übereinstimmt. Es sollte ohne Fanfare oder jeglichen Versuch, Aufmerksamkeit zu erregen, beginnen. Die Intensität sollte das Gespräch nicht beeinträchtigen, denn wenn die Lautstärke der Musik eine erhöhte Stimmlautstärke erfordert, um ein normales Gespräch zu führen, macht sie den Zweck der Entspannung zunichte, indem sie beim Sprecher eine erhöhte Energie hervorruft. Wenn möglich, sollte das Ende der Auswahl ausgeblendet werden. Die Auswahl sollte nicht abrupt sein und ungewöhnliche Abläufe oder Neuheiten sollten vermieden werden. Die Musik sollte flüssig und völlig unaufregend sein. Der Abstand zwischen den Stücken sollte kurz sein, um den Hörempfang auf einem ziemlich kontinuierlichen Niveau aufrechtzuerhalten. Zwischen den Nummern werden fünf bis zehn Sekunden empfohlen, was in etwa der Zeit entspricht, die zum Wechseln der Discs bei einem automatischen oder manuell gesteuerten Plattenspieler erforderlich ist. Musikstücke sollten in Gruppen gespielt werden. Die Gruppen sollten insgesamt etwa fünfzehn Minuten dauern, mit Ruhepausen von etwa drei Minuten. Dies simuliert die Anforderungen und die Leistung des Live-Ensembles und ist Teil stilisierter Dinnermusik geworden. Die Musik sollte so lange dauern wie das Essen.

Idealerweise sollte die Musikquelle nicht offensichtlich sein, und in dieser Hinsicht ist ein versteckter Lautsprecher gegenüber einem Live-Ensemble von Vorteil, das durch seine Bewegungen oder das körperliche Erscheinungsbild oder die Gesten seiner Mitglieder die Gäste ablenken kann. Zwischen den einzelnen Stücken sollten keine mündlichen Ankündigungen erfolgen. Gelegentlich möchte ein Zuhörer den Namen des gespielten Liedes wissen, weil es ihm bekannt, erinnerungswürdig oder süß ist. Wenn das Budget es erlaubt, sind gedruckte oder vervielfältigte Programme für diejenigen, deren Interesse geweckt wurde, höchst willkommen.

Die empfohlene Musik ist die Musik, die von Dinner-Ensembles seit Jahren gespielt wird. Ihr Repertoire umfasst normalerweise Walzer von Strauss und seinen Zeitgenossen, Auszüge aus Operetten von Herbert, Friml und

Romberg sowie die beliebtesten Stücke des letzten Jahrzehnts, wie Auszüge aus den Musikkomödien von Kern, Cole Porter und Gershwin oder die Lieder von Carmichael und Berlin.

Es kann nicht genug betont werden, dass Musik während der Mahlzeiten physiologisch nicht stimulierend sein darf und laute Musik zu vermeiden ist. „Douglas Jerrold erklärte, er hasse es, beim Essen den Klängen einer Militärkapelle zu lauschen; er sagte, er könne das Messing in seiner Suppe schmecken." (Hadden, J., „ *Music as Medicine* ", 1895, 9:369). Der Vorarbeiter einer Werkstatt, in der während der Mahlzeiten Musik gespielt wurde, bat darum, auf laute Musik zu verzichten, „um der Verdauung eine Pause zu gönnen" [2].

Einige Orchesterleiter verwenden regelmäßig Arrangements, die den für Essensmusik gewünschten Qualitäten nahe kommen. Dazu zählen: Wayne King, Marek Weber, Andre Kostelanetz, David Rose, Frankie Carle, Carmen Cavallaro, Eddie Duchin, Guy Lombardo und die folgenden Orchester: Boston „Pops", New Mayfair, Percy Faith, Anton and Paramount, Victor Salon, Victor Continental, Palmer House Ensemble, Selinsky String Ensemble. Alle diese Orchester wurden aufgenommen und es folgt eine Beispielliste ihrer Aufnahmen als Kern einer Essensmusikbibliothek.

Victor-Aufnahmen

Südliche Rosen	26322 B
Sweetheart Waltz	26322 A
Schwarze Augen	20037 B
Unser Walzer	27853 B
Ferien für Streicher	27853 B
Frühlingsstimmen	4387 A und B
Traumwalzer	V 214
Nur das einsame Herz	4413 B
Lied der Inseln	27224 B
La Golondrina	27451 B

Liebling, komm zu mir zurück	27397 A
Indischer Liebesruf	27397 B
Le Secret	20416 A
Pirouette	20416 B
Wein, Weib und Gesang	6647 A
Eine Hirtengeschichte	9479 A
Narzisse	9479 B
Kommen Sie zurück nach Sorrent	27917 A
Gavotte aus Mignon	27917 B
Zigeuner	24609 B
Geschichten von Hoffman	20011 B
Badinage	12591 A
Air de Ballet	12591 B
Gold und Silber	25199 B
Blaue Donau	25199 A

Columbia-Aufnahmen

Beginnen Sie mit der Begine	4265 M
Osterparade	4292 M
Mit einem Lied in meinem Herzen	4292 M
Die Berührung Ihrer Hand	4291 M
Jemand liebt mich	4291 M
Sich verlieben	4266 M

Tee für zwei	4266 M
Josephine	36692
Louise	36692
Estrellita	4236 M
Wieder London	69264 D
Von der Tamariske	69264 D
Schwanensee	69357 D
Rosalie	36543
Sprich mit mir von Liebe	35551
Pavanne	7361 M
Clair De Lune	7361 M
Decca-Aufnahmen	
Der bloße Gedanke an dich	3110 B
Cocktails für zwei	3110 A
Jede kleine Bewegung	18300 B
Minutenwalzer	18466 A
Blauer September	15050 A
Valse Bluette	15049 B
Verschlafene Lagune	18286 A

KAPITEL SIEBEN
MUSIK IM BETT

Moderne Krankenhäuser unterscheiden sich in Organisation und Ausstattung so sehr von denen vor einem Jahrhundert, dass man sagen kann, das Krankenhaus sei ein erst kürzlich erworbener Teil des Gemeinschaftslebens. Ursprünglich wurden die Kranken in ihren eigenen vier Wänden behandelt. Die Unannehmlichkeiten und Unzulänglichkeiten bei der häuslichen Pflege von Schwer- und insbesondere ansteckenden Kranken führten zur Entwicklung von Krankenhäusern. Der Hauptzweck des Krankenhauses hat sich nicht geändert, und der musikalische Helfer darf nie vergessen, dass medizinische Versorgung und Ruhe an erster Stelle stehen.

Manche Patienten sind zu krank, um Musik zu hören. Es ist möglich, dass wohlüberlegt angebotene Musik für alle Patienten von Nutzen sein könnte, aber es ist sicherer, einigen Patienten die Musik zu verbieten, wenn keine fachkundige medizinische Anleitung vorliegt, als die Kranken zu stören. Der musikalische Assistent wird die Weisheit des Arztes, der die Musik in einigen Stationen oder für einige Patienten verbietet, nicht in Frage stellen. Der Arzt weiß viele Dinge über den Patienten, die dem Musiker unbekannt sind, und er hat nicht genügend Zeit, sie dem Musiker zu erklären. In Einrichtungen, in denen die Musik über eine Lautsprecheranlage nicht über Lautsprecher, sondern über Kopfhörer wiedergegeben wird, stellt das Hören kein Problem dar, und den Patienten werden keine Kopfhörer gegeben, bis der Arzt es erlaubt. Wenn nur Lautsprecher zur Verfügung stehen und die Station eine Mischung aus Schwerkranken und Rekonvaleszenten beherbergt (was in großen öffentlichen Krankenhäusern ziemlich üblich ist), kann es notwendig sein, der Station die Musik zu entziehen, um der wenigen willen, die sie nicht haben sollten.

Die Zahl der Möglichkeiten, die sich auf einer Station finden lassen, ist so groß, dass hier nur die allgemeinsten Verwendungsmöglichkeiten erwähnt werden. Kinderstationen sind häufig so eingerichtet, dass die Schwerkranken getrennt sind, sodass in den meisten Fällen Stationsmusik laufen kann. Wenn Patienten gemischt sind, entscheidet der behandelnde Arzt. Die Wichtigkeit der Planung für Kinder wird dadurch verstärkt, dass die meisten Kinder ihre Musik lieber laut hören, was besonders für die kränkeren Kinder störend sein kann. Als allgemeine Regel kann man sagen, dass mit dem Fortschreiten von der Kindheit zum Alter die Vorliebe von schneller, lauter, hoher Musik zu leiser und langsamerer Musik wechselt. Die Lautsprecherlautstärke auf der Kinderstation kann erhöht werden, um die Aufmerksamkeit einiger Kinder zu gewinnen und das Weinen anderer zu übertönen. Kinder können sich fast endlos dieselbe Schallplatte anhören. Sie hören lieber Musik, die sie kennen. Sie mögen Lieder mit Text.

Ein Grund für einen Krankenhausaufenthalt besteht darin, den Patienten von den Belästigungen und Geräuschen zu Hause fernzuhalten. Eines der modernen Geräusche ist das Radio. Die meisten Patienten schlafen und brauchen mehr Schlaf als gesunde Menschen. In den meisten Krankenhäusern werden bestimmte Tageszeiten zum Ruhen gewählt, in der Hoffnung, dass die Patienten einschlafen. Die übliche Zeit für den Tagesschlaf ist direkt nach dem Mittagessen. Das Füllen des Magens ist an sich schon ein Schlafmittel. Wärme, Dunkelheit und körperliche Entspannung steigern die Schlafneigung. Da es keine allgemein schlaffördernde Musik gibt, sollte Musik zu diesem Zeitpunkt gemieden werden. Vielleicht hält es einige wach. Wenn sich der Patient in einem Einzelzimmer befindet und bereit ist, ihn zum Schlafen zu bringen, sollte dies versucht werden. Es ist zu bedenken, dass eine ausreichend interessante Musik oder eine schlechte oder kratzige Wiedergabe die Wachheit verlängern oder sogar den Schlaf verhindern kann.

Wenn der Arzt oder der Patient Schlafmusik wünscht, sollten einige Regeln des gesunden Menschenverstandes befolgt werden. Für Kinder sollten Schlaflieder mit Gesang ausprobiert werden. Schlummermusik sollte nicht länger als fünfzehn Minuten gespielt werden. Sollte es in diesem Zeitraum nicht wirksam geworden sein, gilt Stillschweigen.

Ein Krankenhausaufenthalt bedeutet für den Patienten in der Regel neue Ess- und Schlafgewohnheiten. Die Öffnungszeiten für beide sind häufig früher als zuvor. Mittagsschläfchen und frühes „Licht aus" machen es manchen in den ersten Nächten schwer, pünktlich einzuschlafen. Schlummermusik sollte die Form erholsamer Musik annehmen. Die letzten fünfzehn Minuten des Tages sollten den süßen Melodien alter Lieblingslieder gewidmet werden, die alte schöne Erinnerungen hervorrufen und den Patienten möglicherweise in eine „verträumte" Stimmung der Entspannung versetzen, fern von der fadenscheinigen Gegenwart und ihren Sorgen. Der Bediener der Klangregelung sollte die Lautstärke schrittweise und unmerklich reduzieren, sodass die letzten Momente kaum noch zu hören sind.

In Krankenhäusern, die mit „Radiokissen" ausgestattet sind, in denen Telefone versteckt sind, kann die Musik laufen, bis der Patient einschläft. Viele Menschen haben die Angewohnheit entwickelt, bei Radiomusik einzuschlafen oder sie abzuschalten, wenn sie müde werden. Radioprogramme sind nicht als Einschlafmusik zu empfehlen. Das Musikprogramm sollte die alten Lieblingsstücke oder Essensmusik (siehe

Kapitel VI) in sehr geringer Lautstärke enthalten. Laute und mitreißende Musik vor dem Schlafengehen kann zu lebhaften Hörträumen führen und sollte vermieden werden. [24]

DAS RADIO AM BETT

Mehr als jeder andere Faktor hat das Radio hierzulande das musikalische Wissen und die Wertschätzung gesteigert. Die Sendungen von Bing Crosby und Alec Templeton erfreuen sich aufgrund der umfassenden Vorbereitung, des Humors und der Effekthascherei großer Beliebtheit. Dennoch enthalten diese Programme immer auch klassische Musik und stellen ernsthafte Musik denjenigen vor, die sich nicht freiwillig dafür entscheiden würden, sie zu hören. Aber mehr als jeder andere einzelne Faktor kann die unsachgemäße Verwendung des Radios am Krankenbett dazu führen, dass Patienten Musik hassen. Die leidenschaftlichsten Musikliebhaber werden zugeben, dass es möglich ist, zu viel Musik derselben Art zu haben, um sie friedlich zu konsumieren. In Krankenhäusern mit großen Stationen sind möglicherweise zwei oder mehr Radios auf unterschiedliche Programme eingestellt, und der Wunsch, das Programm mit anderen zu teilen, bedeutet eine übermäßige Lautstärke. In den Einrichtungen, die nicht über eine Beschallungsanlage verfügen, sollte das Radio auf den Stationen erlaubt sein, aber bestimmte Regeln sollten beachtet werden. Die Lautstärke sollte so kontrolliert werden, dass Patienten, die kein Interesse daran haben, nicht leiden müssen. Die Lautstärke sollte so gewählt sein, dass das Signal für den Eigentümer und diejenigen seiner Nachbarn, die es hören möchten, gerade noch hörbar ist. Alle Besitzer von Radiogeräten sollten mehrere Stunden am Tag Ruhepausen einhalten. In Krankenhäusern mit einem Lautsprechersystem sollten während der Betriebszeiten alle Radiogeräte ausgeschaltet sein.

In Krankenhäusern für chronisch Kranke, wie z. B. Tuberkulose-Sanatorien, in denen der Musikgeschmack auf der Station eine große Bandbreite abdecken kann, sollte für diejenigen, die Radios besitzen, ein Zeitplan erstellt werden, der jedem Besitzer bestimmte Tageszeiten zuweist und die Tonverteilung entsprechend arrangiert dass zwei oder mehr Radios gleichzeitig eingeschaltet werden dürfen, aber so weit voneinander entfernt, dass der resultierende Ton nicht zu einer Art Bestrafung für diejenigen führt, die dazwischen stecken oder nicht das Glück haben, ein eigenes Radio zu besitzen.

Nach „Licht-Aus" bleiben Radios häufig eingeschaltet, es sei denn, die Aufsicht ist streng. Es stimmt, dass viele der besseren Programme erst nach neun Uhr zu hören sind. Da einige der späten Sendungen Teil des amerikanischen Lebens sind, ist es unfair gegenüber chronisch Kranken, ihnen diese gut geplante Unterhaltung vorzuenthalten. Dennoch wird es einige auf der Station geben, die schlafen wollen, und auf sie sollte größtmögliche Rücksicht genommen werden. Anderen sollte es erlaubt sein, ihre Radios auf der niedrigstmöglichen Lautstärke laufen zu lassen, und die Möglichkeit der Installation von Kopfhörern sollte geprüft werden. Die Lösung dieses Problems ist möglich, aber teuer. Wenn ein Aufnahmegerät zur Verfügung steht, kann die Sendung nachts aufgezeichnet und am nächsten Tag wiedergegeben werden.

LAUTSPRECHERANLAGE

Viele Krankenhäuser sind bereits mit Lautsprecher- oder Kopfhörerinstallationen ausgestattet. Für diejenigen Krankenhäuser, die sich noch in der Entscheidungsphase befinden, werden einige der jeweiligen Vorteile kurz betrachtet.

Idealerweise sollten sowohl Lautsprecher als auch Kopfhörer verfügbar sein. Dies ist ein Luxus, den sich nur wenige leisten wollen oder können. Wenn Kopfhörer verwendet werden, können sie verlegt, kaputt gehen oder beschädigt werden. Normalerweise werden Kopfhörer oder Abhörgeräte an Patienten verteilt, die medizinisch dazu berechtigt sind. Häufig sind die Pfleger beschäftigt und vergessen, sie bereitzustellen, zum Leidwesen der Patienten. Wenn nicht genug für alle vorhanden sind, entsteht eine weitere Quelle der Unzufriedenheit. Kopfhörer müssen für einen guten Empfang und Komfort eingestellt werden, was für Patienten oder Personal eine Quelle der Belästigung sein kann. Zu den Vorteilen von Kopfhörern gehört, dass es auf den Stationen jederzeit ruhig ist, wenn man sich ausruhen möchte. Ihre Verwendung ermöglicht es, sich maximal auf die Musik zu konzentrieren, da die meisten anderen Geräusche ausgeblendet werden. Sie werden zu einem Mechanismus, um der unerwünschten Unterhaltung lärmender Nachbarn zu entfliehen. Wenn Doppelbuchsen oder Zweikanalkabel verwendet werden, hat der Patient eine gewisse Auswahl bei der Musikauswahl. Die Verwendung von Kopfhörern schränkt jedoch die körperliche Bewegung des ambulanten Patienten ein.

Der Einsatz eines Lautsprechersystems ermöglicht es Patienten, die nicht unbedingt ans Bett gefesselt sind, ohne Hörunterbrechung andere Bereiche der Station zu besuchen. Manche Patienten genießen Musik als Hintergrund für Gespräche oder Stationsaktivitäten. Für Musikprogramme und Krankenhausdurchsagen kann die gleiche Telefonzentrale genutzt werden, was in manchen Einrichtungen aus wirtschaftlichen Gründen sinnvoll sein kann. Strategisch platzierte Lautsprecher dürfen ausschließlich als Rufanlage kanalisiert werden.

Lachen ist eine Gemeinschaftsreaktion. Wenn wir alleine zuhören, reagieren wir selten vollständig auf einen Radiowitz, aber wenn mehrere Leute gleichzeitig zuhören, wird das Lachen deutlicher und länger. Lautsprechersysteme ermöglichen es den Patienten auf der Station, in der

Gruppe Musik zu genießen. Sie ermöglichen auch den verstärkten Einsatz von Hintergrundmusik. Essen mit Kopfhörern ist nicht erwünscht.

Jedes Krankenhaus muss diese und weitere Argumente des Freisprechtelefon-Dilemmas abwägen und entsprechend seinen individuellen Anforderungen eine Entscheidung treffen.

Die beste Kanalanzahl für ein kleines Krankenhaus beträgt zwei. Ein Bediener kann problemlos zwei Kanäle bedienen. Wenn die Kanalanzahl darüber hinausgeht, steigen die Kosten für Installation und Betrieb, insbesondere wenn neben externen Programmen auch Aufzeichnungen oder Transkriptionen verwendet werden sollen.

Der Betreiber der Lautsprecheranlage sollte mit den Hooper- oder Crossley-Einschaltquoten der wichtigeren Sendungen vertraut sein und sicherstellen, dass die jeweils beliebtesten Sendungen in die Wiederholungssendungen einbezogen werden.

PERSONALISIERTE MUSIK

Der eher musikbegeisterte oder empfänglichere Patient ist möglicherweise mit dem routinemäßigen Musikprogramm, das ihm die Beschallungsanlage oder sogar sein Radio bietet, nicht zufrieden. In Krankenhäusern, in denen die Mehrheit der Vorliebe für moderne Popmusik steht, gibt es einige, die Hunger auf klassische Musik haben. Wenn ein musikalischer Helfer verfügbar ist, kann dies durch die Verwendung eines Musikwagens erfolgen. Ein kastenartiges Gerät auf Rädern, wie es für viele Zwecke auf Krankenstationen verwendet wird, kann mit einem Plattenspieler und einem Ständer für Schallplatten und Schallplattenalben ausgestattet sein. Der Musikwagen kann einige kleine Instrumente und andere Materialien für den Einsatz am Krankenbett transportieren. Zur Belehrung, Wertschätzung, Ablenkung oder Unterhaltung kann Musik ans Bett gerollt werden.

Unterricht. Der Unterricht am Krankenbett kann als Beschäftigungstherapie oder zu rein pädagogischen Zwecken eingesetzt werden. Kleine Instrumente wie Ukulele, Mandoline oder sogar Gitarre können dem Patienten als Übung für die oberen Extremitäten beigebracht werden. Instrumentalunterricht muss normalerweise auf Patienten in Einzelzimmern beschränkt werden. Gelegentlich werden Stationen so eingerichtet, dass ein Aufenthaltsraum oder eine Veranda für Rollstuhlfahrer oder eingeschränkt gehbehinderte Patienten zur Verfügung steht, und es wird Zeiten geben, in denen der Patient dort Unterricht erhalten kann. Es gibt einige Instrumente, die mit minimalem Unterricht gespielt werden können. Leider erzeugen die meisten davon Geräusche, die für alle außer dem Spieler ziemlich störend sind. Okarina und Mundharmonika mögen bei jungen Patienten auf eine gewisse Akzeptanz stoßen, aber wenn ältere Patienten die Station oder das

Nebenzimmer teilen, müssen ihre Gefühle Vorrang haben. Einige junge Patienten haben Freude daran, Trommelstöcke auf Übungsblöcken zu verwenden, insbesondere wenn sie diese während der Musikwiedergabe über die Lautsprecheranlage oder das Radio verwenden können. Wenn der Block aus Gummi oder einem anderen geräuschlosen Material besteht, wird er benachbarte Patienten nicht zu sehr stören.

Speziell konstruierte „tonlose" oder „Übungs"-Instrumente wie die Geige ohne Resonanzkörper sind wirklich hilfreich, um die Belästigung der Nachbarn zu verringern. Diese können in der Werkstatt für Ergotherapie aus ausrangierten Instrumenten gebaut werden.

Umleitung. Für diejenigen, die sich Abwechslung und Musikgenuss wünschen, kann der Musikassistent den Musikwagen ans Bett rollen. Durch die Ermittlung des musikalischen Appetits der Patienten am Vortag kann die Assistentin den Wagen mit den gewünschten Aufnahmen bestücken und diese dem interessierten Patienten und allen benachbarten Patienten, deren Interesse sie wecken kann, vorspielen. Durch ein paar gut gewählte Bemerkungen vor dem Abspielen jeder Schallplatte kann großes Interesse geweckt werden und der Patient wird sich auf zukünftige Besuche freuen. Wenn Patienten kein besonderes Interesse an Musik zeigen, können Alben zum Durchsuchen verteilt und ohne vorgegebene Kontinuität abgespielt werden. Wenn das Interesse stark geweckt ist, kann der Musikassistent ergänzende Lektüre vorschlagen und den Bibliothekar auffordern, den Patienten zu besuchen oder ihm Lesematerial aus der Sammlung der Musikabteilung zur Verfügung zu stellen. Die im Handel erhältlichen Programmhinweise für gesponserte Radioprogramme sollten ebenfalls verbreitet werden.

Unterhaltung. Musikalische Unterhaltung auf der Station kann in Form von Patientenbeteiligung oder „Live"-Musik erfolgen. Für die Patientenbeteiligung gibt es nichts Vergleichbares zum Singen auf der Station. Der Musikassistent kann entweder den Plattenspieler im Musikwagen oder, besser noch, ein tragbares Instrument wie eine kleine Pianoorgel oder ein Akkordeon verwenden. Die Liedtexte können vervielfältigt oder mit einem kleinen Projektor auf eine Leinwand, Wand oder Decke projiziert werden. Auch Gesangbücher oder andere Liederbücher können vorteilhaft eingesetzt werden. Die Lieder sollten nach ihrer Popularität und Bekanntheit ausgewählt werden. Lieder wie „Let Me Call You Sweetheart" und andere alte Favoriten sind „todsicher". Die Top-Songs der „Hitparade" kommen immer gut an. Der Musikassistent sollte Musikaufnahmen herumreichen, um Nichtteilnehmer zum Singen anzuregen. Die Sitzung sollte zwanzig bis dreißig Minuten dauern. Es ist wünschenswert, zwei davon pro Station pro Woche abzuhalten. Dauer und Häufigkeit können je nach Reaktion des Patienten variiert werden.

Von allen Formen der Stationsmusik ist gute „Live"-Musik vielleicht die unterhaltsamste. Ensembles können von angemessener Qualität sein, aber Solisten dürfen nicht mittelmäßig sein, sonst leidet die Präsentation. Die beliebtesten Unterhaltungskünstler sind Sänger, die sich selbst auf einem tragbaren Klavier oder anderen Instrumenten begleiten können. Sie sollten das Programm auf einem Niveau halten, das die breite Masse anspricht. Sie sollten keine Wünsche äußern, es sei denn, ihr Repertoire reicht aus, denn wenn sie diese nicht erfüllen können, ist dies sowohl für den Künstler als auch für die Patienten enttäuschend und peinlich.

Freiwillige. Es wird für einen Musikassistenten schwierig sein, in einem Krankenhaus mit mehr als 500 Betten allein ein Musikprogramm durchzuführen. Wenn das Budget es nicht zulässt, sollte ein zweiter Assistent zur Unterstützung hinzugezogen werden, der freiwillig aus der Gemeinde kommt. Dieses Thema wird im nächsten Kapitel ausführlicher behandelt.

KAPITEL ACHT UNTERHALTUNG UND UNTERHALTUNG

Nicht alle Krankenhäuser und auch nicht alle Patienten brauchen ein musikalisches Unterhaltungsprogramm. Unterhaltung ist in Krankenhäusern relativ neu. Der Bedarf dafür entstand, als die Zahl und Größe der Krankenhäuser für chronisch Kranke zunahm. Der Durchschnittsmensch langweilt sich schnell, wenn er ans Bett oder sogar die engen Wände einer Einrichtung gefesselt ist. Das Lesen wird für die meisten aufgrund der Position, der Überanstrengung der Augen oder der Übersättigung ermüdend. Ähnliche Einschränkungen bestehen in geringerem Maße für Kunsthandwerk. Der Kontakt mit der Außenwelt nimmt ab, abgesehen von den zu seltenen und kurzen Besuchen von Freunden oder Verwandten. In Krankenhäusern für tuberkulöse Erwachsene oder verkrüppelte Kinder kann die durchschnittliche Dauer des Krankenhausaufenthalts ein Jahr betragen. Nur wenige werden vor Ablauf von drei Monaten entlassen und manche bleiben jahrelang. Das Leben eines chronisch hospitalisierten Patienten kann eintöniger werden, als es ratsam ist. Monotonie führt zu Unzufriedenheit, Gereiztheit, Apathie und möglicherweise Disziplinproblemen. Monotonie kann Mahlzeiten sogar noch weniger attraktiv machen, als sie in manchen Krankenhäusern ohnehin schon sind. Mangelnde geistige Beschäftigung kann dazu führen, dass der Wunsch nach Genesung nachlässt oder der Patient zu viel Zeit damit verbringt, über sich selbst, seine Hilflosigkeit und Hoffnungslosigkeit nachzudenken. Die meisten Patienten kommen an den Punkt, an dem sie sich nach Unterhaltung sehnen, und die meisten von ihnen möchten lieber unterhalten werden, als für ihre eigene Unterhaltung zu arbeiten.

Im Bereich der Unterhaltung ist Musik unverzichtbar. In Krankenhäusern ist Musik häufig die einzige Form der Unterhaltung. Musik kann am Krankenbett, auf der Station, im Versammlungssaal oder, wenn das Wetter es zulässt, im Freien gespielt werden. In Krankenhäusern, die mit Lautsprecheranlagen ausgestattet sind, wird das Problem durch die gleichzeitige Wiedergabe mechanisch wiedergegebener Musik in allen Stationen und Zimmern des Krankenhauses verringert. Wo keine Lautsprecheranlagen installiert sind, hängt die Unterhaltung weitgehend von Radios, Plattenspielern und persönlichen Auftritten von Musikern ab.

„Live"-Musiker sind die willkommenste Quelle der Unterhaltung. Wenn das Krankenhaus einen Musikassistenten hat, wird dieses Ziel teilweise durch seine Aktivitäten erreicht. Wenn es keinen Vollzeitmusiker gibt, können Krankenhäuser möglicherweise die Teilzeitdienste eines Musikers oder Freizeitassistenten in Anspruch nehmen. Eine Person sollte für die Organisation der Programme verantwortlich sein, und eine interessierte

Person wird sich normalerweise im Krankenhauspersonal finden. Dies kann ein Beschäftigungstherapeut, eine Krankenschwester oder sogar einer der Ärzte sein. Die Person, die ausgewählt wird, um die Musik zu leiten, wird keine Schwierigkeiten haben, in der Gemeinde einige Musiker oder Gruppen von Amateurunterhaltern zu finden, die bereit sind, bei dieser Arbeit zu helfen. Gruppen von Musikschulen, weiterführenden Schulen, brüderlichen oder wohltätigen Organisationen, Frauenclubs, Musikclubs und Veteranenvereinen stellen eine unvollständige Liste von Quellen dar. Die meisten Gemeinden haben Solisten oder kleine Gruppen, die bereit sind aufzutreten . Die direkte Anwerbung durch den Krankenhausdirektor, die Damenhilfskraft oder Mitglieder des Personals sollte persönlich oder über die Presse erfolgen.

Ein mindestens einen Monat im Voraus festgelegter Aufführungsplan ist äußerst wichtig. Auch wenn die Aufführungen nur einmal im Monat stattfinden, sollten sie regelmäßig stattfinden. So haben die Patienten etwas, worauf sie sich voller Vorfreude freuen können. Wenn möglich, sollten Musikprogramme für denselben Wochentag oder Abend vorbereitet werden. Diese Auftritte sollten angekündigt oder ausgehängt werden, um das Interesse zu steigern.

In Krankenhäusern für chronisch Kranke gibt es normalerweise einen Versammlungssaal oder ein Freizeitgebäude, in dem Unterhaltung für ambulante Patienten geboten werden kann. Das Auftreten berühmter Musiker auf der Bühne ist selten oder unmöglich, insbesondere in Krankenhäusern, die nicht in der Nähe von Großstädten liegen. Das ist nicht so bedauerlich, wie man glauben könnte, denn obwohl einige Patienten von landesweit bekannten Namen beeindruckt sind, bereitet es den meisten Patienten am meisten Freude, den Auftritten ihrer Mitpatienten zuzuhören. Die Beteiligung der Patienten ist für ambulante Patienten immer wünschenswerter als passive Unterhaltung. Patientenmusik kann eine von drei Formen annehmen: formell, amateurhaft oder spontan.

Formale Darbietungen erfordern viel Arbeit seitens des musikalischen Assistenten und der Patienten. Je nach Anzahl und Vielfalt der talentierten Patienten können Orchester unterschiedlicher Größe gebildet werden. Da die Qualität der Aufführung das wichtigste Kriterium ist, wird das Repertoire solcher Gruppen nicht besonders groß sein. Zu Beginn wird es fast einen Monat dauern, ein einstündiges Varieté-Programm zu entwickeln. Mit der Zeit und zunehmender Arbeit und Zusammenarbeit sollte es möglich sein, jede Woche genügend neue Stücke zu proben, um ein wöchentliches Programm mit zu wenigen Wiederholungen zu produzieren, um Beschwerden seitens der Patienten hervorzurufen. Das Programm sollte alle Arten von Musik enthalten, damit während einer Aufführung fast jeder im Publikum etwas nach seinem Geschmack gehört hat. Gesangsstücke sind willkommen und die Beteiligung des Publikums an ein oder zwei Stellen wird das Interesse aufrechterhalten. Es ist ratsam, dass jemand als Zeremonienmeister fungiert, um die Auswahl anzukündigen und eine maximale Reaktion der nicht teilnehmenden Patienten hervorzurufen. Normalerweise gibt es einen Patienten, der Zeremonienmeister sein möchte, und wenn er seine Arbeit gut ausführt, wird dies eine wertvolle Bereicherung für das Projekt sein. Ein Zeremonienmeister ist wichtig und bei Bedarf sollte hierfür ein externer Ansprechpartner engagiert werden.

Amateurprogramme gibt es in Amerika schon seit langem, aber durch die Bemühungen von Major Bowes sind sie zu einer amerikanischen Institution geworden. Menschen fast jeden Alters besuchen sie mit Freude, aber die Darsteller befinden sich normalerweise im zweiten und dritten Lebensviertel. Es gab eine Zeit, in der Amateurvorstellungen nicht geprobt wurden oder so klangen. Auch das hat Major Bowes geändert. Heute erfordert eine Amateurvorstellung Proben, fachkundige Begleitung und ein gewisses Maß an theatralischer Darbietung. Diese Faktoren sollten gefördert werden, und der Musikassistent tut gut daran, die Patienten bei Laune zu halten, denn der Erfolg hängt von der Ernsthaftigkeit, Energie und Anstrengung des Darstellers ab. Bei der sorgfältigen Programmplanung sollte man vorsichtig sein. Die besten Darsteller sollten in ausreichendem Abstand auftreten und in der zweiten Hälfte des Programms auftreten. Instrumentalisten sollten von Sängern getrennt werden. Das Vorgehen sollte dem festgelegten Muster regulärer Amateurvorstellungen folgen, einschließlich der Preisverleihung an den Gewinner und den Zweitbesten. Wenn der Patientenwechsel langsam ist, ist es wahrscheinlich, dass derselbe Darsteller zu oft als Erster auftritt. Um einer Verringerung der Teilnahmequote vorzubeugen, sollte die Häufigkeit bzw. die Gesamtzahl der Prämienerteilungen für denselben Patienten begrenzt werden.

Spontane Shows in der Freizeithalle bestehen aus gemeinsamem Singen, Summen, Pfeifen und gelegentlichem rhythmischem Händeklatschen. Es ist nicht schwer, eine Gruppe zum Singen zu bringen, aber eine maximale Reaktion erfordert Einfallsreichtum seitens des Leiters. Die Kurzfilmserien „The Bounce Ball“, „Community Sing“ und andere ähnlicher Art sind hervorragend, weil sie ein komplettes Paket aus Musik, Texten, Regie, Humor und Tricks sind. Der Songleader sollte so viele der in diesen Filmen enthaltenen Neuheiten übernehmen, wie es die Räumlichkeiten zulassen. Am besten zum Film passt die Laternenrutsche. Es gibt einige mit humorvollen Illustrationen, die jedoch möglicherweise schwer zu bekommen sind. Laternenrutschen können vom Musikassistenten schnell und kostengünstig angefertigt werden. Die Herstellung einfacher Dias kann in jedem großen Geschäft für kommerzielles Fotozubehör erworben werden. „Radio Mats“ sind durchsichtige Zellophanstücke in Diagröße, die in einem gefalteten

Stück Kohlepapier eingeschlossen und von einer schwarzen Maske umgeben sind. Die „Matte" wird in eine Schreibmaschine gelegt und der Text des Liedes wird darauf getippt. Das karbonisierte Papier wird ebenso wie die Rückseite der Maske entsorgt, und das Zellophan mit den aufgedruckten Worten wird einfach zwischen den beiden Glasdeckgläsern angebracht, die mit „Klebeband" verbunden sind. Mit dieser Methode kann für etwa acht Cent ein Dauerdia erstellt werden. Wenn kein Projektor verfügbar ist, können die Worte vervielfältigt, im Ergotherapie-Shop gedruckt oder kommerziell in Broschürenform gedruckt werden. Das dringende Bedürfnis besteht darin, dass allen gestattet wird, die Worte zu lesen.

Community-Sings sollten nicht zu lange dauern. Der Musikassistent wird bald lernen, die Leistungsfähigkeit des Publikums zu spüren. Um den Zeitraum zu verlängern, kann die Teilnahme des Patienten durch Instrumentalmusik oder eine andere Form des Zwischenspiels unterbrochen werden.

CHOR

Für die meisten Menschen ist es ein Vergnügen, einer Kombination geschulter Stimmen zuzuhören. Wenn die Patientenpopulation relativ statisch ist, wird der Musikassistent durch die Zeit, die er für die Ausbildung von Quartetten oder größeren Sängergruppen aufwendet, gut vergütet. Solche Gruppen können nicht nur bei den Musikprogrammen in der Aula von Wert sein, sondern können auch auf Stationen, bei Gottesdiensten und bei Feiertagen eingesetzt werden. Wenn, wie üblich, beide Geschlechter unter den Patienten vertreten sind, wird die Auswahl nur durch die Musikalität des Leiters und der Teilnehmer begrenzt. Das Repertoire sollte für alle Anlässe und Geschmäcker geeignet sein, vom „Barbershop"-Quartett bis zur E-Musik.

Alle möglichen Stimmanordnungen sollten im Hinblick auf einen Gesangswettbewerb zwischen den Geschlechtern und zwischen den Stationen genutzt werden. Der Nutzen dieser Aktivität hängt natürlich in hohem Maße von der Größe des Krankenhauses und der vorherrschenden Altersgruppe ab.

UMLEITUNG

Musik kann auch dazu beitragen, dass die Zeit weniger merklich vergeht. Zuhören macht Spaß, aber es konzentriert oder hält die Aufmerksamkeit nicht auf eine Weise aufrecht, die mit dem Musizieren vergleichbar wäre. Es wird immer Patienten geben, die gerne lernen möchten, wie man Musik macht. Welches Instrument gewählt wird, hängt vom individuellen Geschmack ab, der wiederum von Herkunft, Ausbildung, Nationalität, Alter und vielen anderen Faktoren abhängt. Am besten geeignet sind Instrumente, die nicht zu schwer zu spielen sind und über einen langen Zeitraum mühelos einen angenehmen Klang erzeugen.

Das Klavier ist das Instrument, das die Anforderungen an ein ideales Instrument für den Krankenhausgebrauch am besten erfüllt. Rein physikalisch betrachtet ist der Klang, der durch das Anschlagen einer einzelnen Taste auf derselben Tastatur erzeugt wird, von ungefähr gleicher Qualität, egal ob er von einem Kind oder einem Virtuosen erzeugt wird. Dies gilt nicht für andere Instrumente, außer bis zu einem gewissen Grad für bestimmte andere Schlaginstrumente, die weniger angenehme oder interessante Klänge erzeugen. Die Fingertechnik beim Klavier ist leichter zu erlernen als bei Saiteninstrumenten und bietet mehr Spielraum bei der präzisen Platzierung. Das Klavier kann in einer entspannten Sitzposition gespielt werden und erfordert wenig Anstrengung. Mehr Menschen können Klavier spielen als jedes andere Instrument. Patienten können an jedem anderen Instrument interessiert sein, aber mit Ausnahme des Plektrums können sie zu schnell entmutigt werden, wenn sie sehen, wie viel Übung erforderlich ist, um angenehme Töne hervorzubringen. Wenn ein Patient ein Instrument zur Unterhaltung erlernen möchte, sollte ihm zuerst das Klavier angeboten werden. Wenn das Problem auftritt, Musiker in einer Patientenband zu ersetzen oder zu vervollständigen, sollte das fehlende Instrument angeboten werden. Um jedoch ein Höchstmaß an Kooperation und Einsatz zu erreichen, sollte dem Patienten das Gefühl vermittelt werden, dass er die Wahl hat. Die freie Wahl könnte Gesangsunterricht sein. Es kann für den Musiker sogar eine Enttäuschung sein, wenn es sich um sogenannte Instrumente wie die Okarina handelt, aber wenn das Ziel Unterhaltung ist, wird das Maximum am ehesten durch anfängliche Befriedigung erreicht. Vielleicht kann der Musikassistent zu einem späteren Zeitpunkt genügend Raffinesse vermitteln, um die Wahl eines musikalischeren Instruments herbeizuführen.

Der Umfang der Musik als pädagogische Abwechslung wird sich im Verhältnis zur Ausbildung, Geduld und Energie des Musikassistenten erweitern. Er wird durch die Anzahl der Patienten, die Interesse zeigen, sowie durch deren Intelligenz und Ausdauer begrenzt. Bei den Hauptinstrumenten erfolgt der Unterricht normalerweise individuell und es wird viel Zeit darauf verwendet, einen einzelnen Patienten zu unterhalten. In einem großen Krankenhaus ist dies nicht sehr praktisch, es sei denn, es gibt viel Personal und viele Aktivitäten für die Patienten. Gruppenunterhaltung kann durch eine Art von Musikunterricht gut erreicht werden. Die Art dieses Unterrichts sollte auf die Intelligenz und den Geschmack der Mehrheit zugeschnitten sein und der Musikassistent muss gesunden Menschenverstand walten lassen und sich von Vorurteilen befreien. Wenn die Patienten jung und nicht an Klassik interessiert sind, muss er ein Programm rund um Popmusik entwickeln und aktuelle Persönlichkeiten und populäre Formen besprechen. Ein treibender Keil in die Klassik kann über die klassischen Themen von Tschaikowsky, Chopin und anderen, die derzeit populär sind, gelegt werden. Wenn die Gruppe sehr jung ist, sollten Musikunterrichtsvorführungen wie die von Walter Damrosch durchgeführten folgen. Wenn möglich, sollte der Musiker mit „Live"-Musik musizieren, aber auch Aufnahmen kommen gut an. Wie bei allen anderen Aspekten eines Musikprogramms im Krankenhaus sollten die Sitzungen regelmäßig stattfinden und in gewissem Maße vom Willen der Mehrheit bestimmt werden.

KAPITEL NEUN
ÖFFENTLICHES ADRESSSYSTEM

Viele Krankenhäuser verfügen heute über Lautsprecheranlagen. In Kürze werden die meisten Krankenhäuser mit hundert oder mehr Betten über Lautsprecheranlagen verfügen, und sei es nur, um Notrufe absetzen zu können und um das interne Telefonnetz zu entlasten.

Die ursprünglich als Notrufeinrichtung installierte Beschallungsanlage kann mit relativ geringem Mehraufwand zur Musikwiedergabe genutzt werden. Für beide Übertragungsarten kann derselbe Betreiber verwendet werden. Idealerweise sollte das System auf jeder Station einen Lautsprecher und an jedem Krankenbett eine „Telefonbuchse" umfassen. Die Zentrale sollte über ein gutes Radio und einen automatischen Plattenspieler verfügen, der über die Beschallungsanlage Musik an die Patienten übertragen kann. Das Hinzufügen einer Reihe von Schaltern, mit denen Schutzzauber nach Belieben ein- oder ausgeschaltet werden können, kann sich als äußerst nützlich erweisen. Gibt es Säle oder Gebäude, aus denen häufig Sendungen von allgemeinem Interesse ausgehen, sollten diese mit Mikrofonen ausgestattet sein, die mit der Zentrale verbunden sind, damit Musikprogramme aus dem Aula oder die Gottesdienste aus der Kapelle an Nicht-Besucher übertragen werden können. ambulante Patienten.

Die zentrale Schalttafel sollte in einem relativ schalldichten Raum oder einer Kabine untergebracht werden. Zur weiteren Ausstattung sollten Ablagen für Aufnahmen und ein Telefon gehören, bei dem das übliche Klingelsignal durch ein Lichtsignal ersetzt wird. Ein sofortiger Plattenabschneider, der es dem Bediener ermöglicht, Programme über Radio oder Mikrofon aufzuzeichnen, wird sich als sehr wertvoll erweisen, aber die damit verbundenen Kosten könnten für die meisten Krankenhäuser mit weniger als 500 Betten zu hoch sein.

Es empfiehlt sich, einen Vollzeitbetreiber für das System zu beschäftigen. Der Operator sollte eine angenehme, aber noch wichtigere, gut verständliche Stimme haben. Er benötigt eine gewisse Grundschulung in der Bedienung der Schaltanlage und ihres Zubehörs und dies sollte die Verpflichtung der Organisation sein, die die Ausrüstung installiert. Der Betreiber sollte dazu verpflichtet werden, über alles, was aus dem Studio ausgeht, eine schriftliche Aufzeichnung zu führen. Er sollte für die routinemäßige Pflege des Geräts verantwortlich sein und über ausreichende Kenntnisse seiner Teile verfügen, um Mängel frühzeitig zu erkennen und einige der einfacheren zu beheben. Er muss bereit sein, ein einsames Leben zu führen. Es besteht immer die Versuchung, Gäste ins Studio einzuladen oder zuzulassen, und die daraus resultierende Ablenkung oder Konversation könnte sich negativ auf die Übertragung auswirken.

Wenn ein sofortiger Plattenschneider verfügbar ist, sollte er „ *How to Make Good Recordings* " (Audak Co. aus New York) lesen, das nicht nur für die Aufnahme von Musik hilfreich ist, sondern auch einige hervorragende Ratschläge zur Verwendung der richtigen Nadel für die Musikwiedergabe gibt und die Verwendung des Mikrofons.

PROGRAMM

Musik. Die Beschallungsanlage sollte nach einem strengen Zeitplan in Anlehnung an ein kommerzielles Radiostudio betrieben werden. Dies ist notwendig, da die Patienten bestimmte Merkmale zu bestimmten Tageszeiten erwarten und Schwankungen zu Enttäuschung und verminderter Moral führen können. Die Programmpolitik sollte im direkten Anliegen des Krankenhausleiters und aller interessierten Dienstleiter liegen. Die Nutzungsstunden variieren je nach Krankenhaus erheblich und reichen von wenigen Stunden bis hin zu einem sehr umfassenden Programm. Aufgrund der Vielzahl möglicher Variationen werden zunächst einige allgemeine Anwendungen betrachtet und anschließend ein Modellprogramm vorgeschlagen.

Die Aufwachstunde für Patienten kann zwischen sechs und sieben Uhr variieren. Irgendwann in dieser Stunde ist ein Programm mit anregender Musik angebracht, um den Tag richtig zu beginnen und vielleicht eine bessere Zusammenarbeit zwischen den Patienten und dem Pflegepersonal in der Morgenbetreuung zu erreichen. Zu diesem Zweck werden militärische oder andere Märsche sowie fröhliche Melodien vorgeschlagen, denn wie Seashore [73] gezeigt hat, „ruft ein ausgeprägter Rhythmus ein Gefühl der Hochstimmung hervor" und Kampfmusik traditionell mitreißend ist. Dieses Programm sollte zwischen 15 und 30 Minuten dauern und anschließend mindestens 15 Minuten lang still sein, bevor das Frühstück serviert wird. Es ist unklug, mit dem Essen zu beginnen, während man zu sehr stimuliert ist.

Während des Frühstücks, Mittagessens und Abendessens sollte während der gesamten Essenszeit Essensmusik gespielt werden. Die Art der Essensmusik kann für alle Mahlzeiten gleich sein. Dies wird in Kapitel VII erläutert.

Die Zeit zwischen acht und zehn Uhr morgens ist häufig für Routine-Verbände oder Arztvisiten reserviert, und während der Stunden mit maximaler Berufsauslastung sollte in den Stationen eine Ruhepause eingehalten werden. Natürlich sollte während der Visiten zu keiner Tageszeit Musik gespielt werden. Der Operator sollte einen Zeitplan für die Stationsvisiten erhalten und die betreffenden Stationen ausschließen.

Die Dauer der Visiten variiert von sehr kurzen Zeiträumen auf den chirurgischen Stationen bis hin zu längeren Zeiträumen auf den medizinischen Stationen. Kurz nach den Runden sollte der Betreiber an Stationen senden, auf denen keine regelmäßige Aktivität stattfindet. Empfohlen wird ein halbstündiges Programm mit Wunschmusik am Morgen zwischen zehn und elf Uhr. Darauf sollte eine Zeit der Stille vor dem Essen folgen.

Wo gewünscht, sollte auf die Mittagsmusik erholsame oder sehr leise Musik folgen. Wenn die Jalousien geschlossen sind und das Schweigen unter den Patienten gewahrt bleibt, wird der größtmögliche Nutzen erzielt. Diejenigen Patienten, die zu diesem Zeitpunkt problemlos einschlafen können, werden dies auch tun. Wem es am Nachmittag unmöglich ist, ein Nickerchen zu machen, wird sich über die Abwechslung durch Musik freuen, die für mehr Entspannung sorgt. Für manche Menschen ist es schwieriger, in absoluter Ruhe zur Ruhe zu kommen, als bei leiser Hintergrundmusik.

Zwischen zwei und drei Uhr kann ein weiteres einstündiges Wunschmusikprogramm gestartet werden. Es ist ratsam, die Namen der Patienten zu nennen, die sich Musik wünschen, um das Interesse der Patienten an gemeinschaftlicher Teilnahme und gemeinsamem Zuhören zu wecken. In den Abendstunden nach dem Abendessen wird empfohlen, die beliebtesten Radioprogramme über das System zu übertragen. Diese sollten auf der Grundlage der Hooper- oder Crossley-Bewertungen ausgewählt werden, damit möglichst viele Patienten zufrieden sind. Wenn mehr als ein Kanal verfügbar ist, sollte das zweite ausgewählte Programm anderer Art sein als das erste.

Ankündigungen. Ankündigungen sollten auf ein Minimum beschränkt werden. Routinemäßige Ankündigungen sollten täglich zu bestimmten Zeiten erfolgen, beispielsweise nach dem Frühstück, vor dem Mittagessen und nach dem Abendessen. Notrufe sollten auf echte Notfälle beschränkt werden, sonst werden sie nicht als so zwingend angesehen, wie sie sein sollten.

Nachrichtensendungen sind eine sehr geschätzte und wünschenswerte Funktion für Patienten, die bis zu ihrer Aufnahme ins Krankenhaus möglicherweise täglich die Nachrichten gelesen oder gehört haben und auf dem Laufenden bleiben möchten. Die Nachrichtensendung sollte auf unauffällige Weise ausgestrahlt werden und Nachrichten, die zu deprimierend oder aufregend sind, sollten für psychiatrische Patienten gestrichen oder umformuliert werden.

Sonderprogramme. Für diejenigen, die im Bett liegen, sollte über das System wöchentlich ein religiöses Programm verschickt werden. Der mit dem Krankenhaus verbundene Pfarrer sollte in der Lage sein, das Krankenhaus in seinen Sonntagmorgenplan zu integrieren. Wenn kein Geistlicher verfügbar ist, sollte ein reguläres Radioprogramm erneut ausgestrahlt werden, aber ein Sonntagsgottesdienst mit lokalem Ursprung wird persönlicher sein und daher mehr Wertschätzung erfahren. Für die Gottesdienstmusik stehen viele geeignete religiöse Aufnahmen zur Verfügung, insbesondere die von Bibletone herausgegebene Albumreihe.

Feiertage sollen durch die Wiedergabe entsprechender Musik oder Radiowiederholungen gewahrt werden.

Für kleine Krankenhäuser mit begrenztem Personal sollte ein Zweikanalsystem verwendet werden, das kontinuierlich auf die beiden gängigsten lokal verfügbaren Netzwerke abgestimmt ist.

KAPITEL ZEHN
AUSRÜSTUNG UND BIBLIOTHEK

Ein Krankenhaus, das Musik als Ergänzung zur medizinischen Praxis einsetzen möchte, muss bereit sein, die dafür erforderlichen Räumlichkeiten zur Verfügung zu stellen. In welchem Ausmaß Musik benötigt wird, hängt von der Art der behandelten Krankheiten und der durchschnittlichen Aufenthaltsdauer der Patienten ab. In Geistes- und Tuberkulosekrankenhäusern ist Musik ein „Muss". Ein Krankenhaus für chronisch Kranke verfügt normalerweise über einen Versammlungs- oder Freizeitsaal für musikalische Darbietungen. Dieser Saal ist im Allgemeinen für Bandproben geeignet und kann zu anderen Tageszeiten auch zum Instrumentalüben genutzt werden. Wo Geld und Platz übrig bleiben, sollten zusätzliche Proberäume gebaut werden, damit mehr Patienten teilnehmen können. Platz kann gespart werden, indem kleine Kabinen gebaut werden, die mit schallabsorbierenden Wandplatten wie *Celotex* oder *Transite schallisoliert* sind. Die Kabinen sollten viel verglast werden, damit die Patienten die Enge des Raumes nicht spüren. Wenn es nur einen Musikassistenten gibt, ist es von Vorteil, alle musikalischen Aktivitäten zu zentralisieren. Wenn jedoch mehr Hilfe zur Verfügung steht, sollten in den verschiedenen Pavillons oder Flügeln des Krankenhauses Musikproberäume vorhanden sein, damit frisch genesende Patienten keine allzu weiten Wege zurücklegen müssen.

Wenn die Altersspanne der Patienten das gesamte Spektrum abdeckt, müssen die Sitz- und Instrumentenausstattung auch Bestimmungen für alle umfassen. Das bedeutet verstellbare Klavierbänke, Notenständer usw. Stühle sollten nicht nur für Musiker, sondern auch für Zuschauer bereitgestellt werden. Patienten sollten dazu ermutigt werden, an Band- und anderen Gruppenproben teilzunehmen, um ihr Interesse an Musik zu wecken und sich dadurch Abwechslung zu verschaffen. Die Notenständer der Bands sollten so gekleidet sein, dass sie denen beliebter Bands ähneln. Diese Ständer sind farbenfroh, zusammenklappbar und daher für alle Außenauftritte transportierbar, bei denen die Patientenband auftreten könnte.

INSTRUMENTE

Beteiligung. Die Anzahl und Art der Instrumente, über die ein Krankenhaus verfügen sollte, hängt nur von Budgetbeschränkungen und dem Interesse der Gemeinschaft ab. Der Anzahl und Vielfalt der Instrumente, die ein Krankenhaus als Geschenke annehmen sollte, sind außer dem Stauraum keine Grenzen gesetzt. Idealerweise sollte von jedem der Hauptinstrumente mindestens eines vorhanden sein. Für jedes Instrument sollte ein eigener Koffer vorhanden sein, und es ist ratsam, den Namen des Krankenhauses auf jedem Instrument einzugravieren, um Verluste zu minimieren. Die Initialen des Krankenhauses können in eine unauffällige Stelle des Instruments eingeschnitten werden, beispielsweise in die Innenseite des Messingschallbechers oder auf die Unterseite des Holzkorpus. Alle Instrumente sollten bei Nichtgebrauch in Schränken eingeschlossen werden.

Zusätzlich zu den normalen Blasinstrumenten sollten auch kleine Instrumente angeschafft werden, die man im Bett spielen kann. Diese lassen sich in Instrumente mit normaler Bauweise wie Ukulele, Mandoline und Autoharp und tonlose Instrumente unterteilen, die man durch Entfernen des Resonanzkörpers herstellen kann. Aus einer gespendeten Geige in schlechtem Zustand kann man eine tonlose Geige bauen, indem man Saitenhalter, Steg und Griffelement auf einem schmalen Streifen aus Holz oder Kunststoff befestigt. Ein Stück Gummi-Kniepolster eignet sich gut als Übungstrommelfell.

Für Kinder sollten Spielzeuginstrumente wie Typatune, Spielzeug-Xylophon, Trompete, Maracas usw. vorhanden sein.

Hören. Ein Raum sollte als „Musikhörraum" bezeichnet werden. Aus wirtschaftlichen Gründen kann es sich hierbei um einen Mehrzweckraum handeln. Dabei kann es sich um eine Kombination aus dem Büro des Musikassistenten und der Musikbibliothek handeln, die zu bestimmten Tageszeiten sowohl zum Üben als auch zum Hören genutzt werden. Es sollte ein Instrument zum Abspielen von Aufnahmen enthalten. Die Wahl des Plattenspielers sollte eher vom Klang des Instruments als von seinem Namen abhängen. Der Plattenspieler für den Hörraum sollte nach Möglichkeit über einen automatischen Wechsler und eine breite Klangregelung verfügen. Aufgrund der hervorragenden Qualität vieler Musiksendungen ist ein kombinierter Radio-Plattenspieler äußerst wünschenswert.

Tragbare Plattenspieler sind auch für diejenigen, die es wünschen, zum Hören am Krankenbett wünschenswert. In Krankenhäusern, die nicht mit einer Lautsprecheranlage ausgestattet sind, kann der tragbare Plattenspieler ein hervorragender Ersatz dafür sein. Wenn der Spieler auf einem Wagen mit Regalen für Schallplatten und Alben montiert ist, kann er für die täglichen Musikstunden von einer Station zur anderen geschoben werden. Wenn das Krankenhaus über kleine Dias mit aufgedruckten Liedtexten verfügt (wie sie während des Krieges von der USO an die Militärangehörigen geliefert wurden), sollte ein kleiner Diaprojektor zum Musikwagen hinzugefügt werden, der auf der abgedunkelten Station für Stationslieder verwendet werden kann.

DIE MUSIKBIBLIOTHEK

Die Musikbibliothek des Krankenhauses kann von einigen wenigen Aufnahmen bis hin zu einer zusammengesetzten Sammlung aller Arten verfügbarer Musikliteratur reichen. Allgemeinkrankenhäuser, die alle Krankheiten und Altersgruppen behandeln, benötigen die umfassendsten und katholischsten Variationen aller Arten von Musik. Spezialkrankenhäuser können eine Bibliothek nutzen, die auf ihre individuellen Bedürfnisse zugeschnitten ist. Ein Krankenhaus für ältere Menschen wird nicht allzu viel zeitgenössische Popmusik erfordern. Aus Gründen der Inklusivität wird das Ideal diskutiert, in der Hoffnung, dass einige Krankenhäuser es sich leisten können und andere die Dinge auswählen können, die für sie möglich sind.

Aufnahmen. Die Auswahl der Aufnahmen wird von der üblichen Krankenhausbevölkerung bestimmt. Beim Aufbau der Schallplattenbibliothek sollte der Musikassistent jedem Patienten im Krankenhaus an einem beliebigen Tag eine Checkliste vorlegen. Die Liste sollte zehn spezifische Titel in jeder der sechs Kategorien enthalten: Symphonie, Oper, Operette, Volkslieder, alte Klassiker und die derzeit populären Lieder. Diese sollten sorgfältig tabellarisch erfasst und als Kern der ständigen Sammlung verwendet werden. Es sollte Platz gelassen werden, damit die Patienten auch andere als die genannten Stücke eintragen können. Schallplatten sollten in der Reihenfolge ihrer numerisch erfassten Popularität gekauft werden. Eine Sammlung sollte mit einer Schallplatte pro Krankenhausbett beginnen. Diese Methode zum Aufbau einer Bibliothek ist sehr mühsam, aber die Mühe lohnt sich, denn nur wenn Sie den Musikgeschmack der Patienten ermitteln, können Sie der Mehrheit die Musik geben, die sie möchten. Der Musikgeschmack der Patienten wird sich nach einer vollständigen Umstellung der Patientenzählung nicht wesentlich ändern, da die Patienten der meisten Krankenhäuser aus demselben geografischen Gebiet stammen und die auf diese Weise ermittelte Auflistung der Musikwünsche zufriedenstellend mit dem Geschmack der gleichen Altersgruppe in der Gemeinde übereinstimmt. Wenn das Budget eine Originalsammlung dieser Größe nicht zulässt, kann sie auf die Hälfte des empfohlenen Betrags reduziert werden, dies ist jedoch das Minimum.

Die Sammlung sollte mit einer Rate von ungefähr einem Datensatz pro zehn neuen Patientenaufnahmen aufgebaut werden. Die Auswahl zusätzlicher Datensätze sollte auf Anfrage erfolgen, aber der Anteil der ursprünglich festgelegten sechs Kategorien sollte relativ konstant bleiben, um die Sammlung ausgewogen zu halten.

Wenn zwei oder mehr Aufnahmen desselben Stücks zur Auswahl stehen, sollten Sie sich für die CDs entscheiden, die sanft oder einfühlsam abgespielt werden, sodass sie sich auch als Essens- oder Entspannungsmusik eignen.

In der Aufnahmebibliothek sollten Alben mit Schallplatten für besondere Anlässe und Feiertage enthalten sein. Patienten freuen sich darauf, am St. Patrick's Day irische Lieder und an anderen Feiertagen passende Lieder zu hören. Als Begleitung religiöser Gottesdienste sind die von Bibletone zusammengestellten Alben wertvoll. Ein Blick in jeden Standard-Schallplattenkatalog genügt, um dem Musikassistenten die Zusammenstellung einer geeigneten Sammlung zu erleichtern.

Nachfolgend finden Sie eine Liste empfohlener Aufzeichnungen für Ostersonntag und St. Patrick's Day.

Osteraufnahmen:

Ich wünsche mir einen Hasen zu Ostern	Decca 18654 A
Ostersonntag mit Dir	Decca 18591 B
Osterparade	Decca 18425 B
Ostersonntag in der Prärie	Decca 18654 B
Choral zur Osterkantate	Victor 15631 B
Requiem von Gabriel Faure	Victor 18301, 2, 3 und 4

St. Patrick's Day:

Molly Brannigan	Kolumbien 35496
So buchstabiere ich Irland	Kolumbien 35496
Komm zurück zu Erin	Victor 27770 B
Mutter Machree	Victor 27772 A
Eileen	Columbia 36585
Ein kleines Stück Himmel	Sonora 1069 B
Du bist Irin und wunderschön	Sonora 1068 A

Irisches Wiegenlied	Decca 18621 A
Derselbe alte Shellalagh	Columbia 354986
Macushla	Victor 27770 A
Ich bringe dich wieder nach Hause, Kathleen	Sonora 1067 B
Kleine Stadt im Old County Down	Sonora 1070 B

Alle Aufnahmen sollten in ihren Alben oder Hüllen aufbewahrt werden. Da Hüllen leicht verloren gehen oder zerreißen können, sollte ein Vorrat an unbenutzten Hüllen vorhanden sein. Jede Hülle sollte entsprechend ihrem Inhalt beschriftet sein. Zusätzlich sollte der Musikassistent eine Querverweis-Katalogdatei für alle Aufnahmen in der Krankenhaussammlung führen. Für jede Seite jeder Aufnahme sollten drei Karten ausgefüllt werden: eine Karte für den Komponisten, eine für den Titel und eine für den Interpreten. Das scheint viel Arbeit zu sein, ist aber die Mühe wert, da nur auf diese Weise ein Programm schnell aus der Plattenbibliothek zusammengestellt werden kann. Jedes beliebige Ablagesystem ist ausreichend, aber wenn die Sammlung groß ist, wird sich ein aufwendiges System als die Mühe wert erweisen. Karten in drei verschiedenen Farben können verwendet werden, um klassische, populäre und sonstige Musik zu trennen. Auf diesen Karten können Registerkarten angebracht werden, die Musik für bestimmte Anlässe auflisten. Registerkarten in einer Ecke können sich auf Essensmusik beziehen und Registerkarten in einer anderen auf Feiertagsmusik usw.

Es ist gut, die gesamte Plattensammlung in einem Raum zu haben, und die Regale für die Platten sollten aus sehr schwerem Holz gebaut werden, da eng gepackte Platten sehr schwer sind. Am besten ist es, die Platten in den Regalen mit fortlaufenden Zugangsnummern in jeder Kategorie zu platzieren und sich bei der alphabetischen Auflistung auf die Akte zu verlassen. Wenn es Duplikate gibt, können diese den Kern für eine zweite oder Leihbibliothek bilden. Kaputte, gesprungene oder defekte Platten sollten in einem separaten Abschnitt der Regale aufbewahrt werden, um sie zu ersetzen, wenn das Budget es erlaubt und die Popularität es erfordert.

Sofortige Aufnahmen. Einige Krankenhäuser haben das Glück, einen Plattenspieler für die Aufnahme von Radiomusik im Krankenhaus zu erwerben. Wenn dies möglich ist, kann die Plattensammlung auf sehr zufriedenstellende Weise erweitert werden. Der Musikassistent sollte alle Radioprogramme studieren, um die Stunden zu ermitteln, in denen die besten Aufführungen der gewünschten Musik gespielt werden. Indem er sich jede Woche mehrere sorgfältig ausgewählte Programme anhört, wird er bald herausfinden, welche Programme Musik verwenden, die für die Wiedergabe im Krankenhaus am besten geeignet ist. Die Orchestrierungen von Kostelanetz und Lombardo eignen sich besonders gut zum leichten Anhören im Bereich der Popmusik. Die Sendungen der Metropolitan Opera Association enthalten Passagen, die nicht kommerziell aufgenommen wurden oder zumindest nicht mit den beliebtesten Sängern aufgenommen wurden. Es gibt viele andere Radiobeiträge, die es wert sind, für die Plattenbibliothek des Krankenhauses aufgenommen zu werden.

Die Bedienung eines Plattenschneiders ist relativ einfach, aber es gibt viele kleine Details, die man kennen muss, um eine optimale Leistung zu erzielen. Ein ausgezeichnetes Buch für Anfänger ist das von der Audak Company in New York herausgegebene Buch „ *How to Make Good Recordings* ".

Notenblätter. Eine Notenbibliothek hängt wiederum von den örtlichen Bedürfnissen ab. Sie kann Orchester-, Instrumental-, Vokal- und Blasmusik enthalten. Im Krankenhaus für chronisch Kranke werden viele verschiedene Arten benötigt. Da die einfachste Gruppendarbietung Vokalmusik sein wird, sollte Musik für Gruppengesang ganz oben auf der Liste stehen. Die Musik sollte beliebte alte Lieder, Hymnen, Spirituals und alle anderen Stücke enthalten, die der Pfleger anhand der intellektuellen und musikalischen Qualifikationen und Wünsche der Patienten bestimmen kann. Diese Art von Musik kann einzeln erworben und je nach gezeigtem Interesse erweitert werden.

Wenn es eine geduldige Kapelle gibt, sollten die Partituren einige Märsche enthalten, die zu Beginn und am Ende ihrer Konzerte verwendet werden können. Die Dauerbrenner, die für den gemeinsamen Gesang am begehrtesten sind, sollten einen Großteil der Orchesterliteratur ausmachen. Die verfügbaren Medleys von Victor-Herbert-Melodien und ähnlichen Standbys können die erste Gruppe vervollständigen.

Noten sollten katalogisiert und in Schränken abgelegt werden. Ein einfaches Regalsystem besteht darin, Musik nach Verwendungszweck zu gruppieren: ein Regal für Gruppenspiele, eines für Solo- und Anfänger-Instrumentalbücher und ein weiteres für die Gesangsauswahl. Die Nummern, die von der Band am häufigsten und aktuell verwendet werden, können in Ordnern abgelegt werden, die der üblichen Verwendung unter den Bands entsprechen, und können bei täglichen Proben jederzeit an den Bandständen verbleiben.

Die Bibliothek sollte auch Bücher, gedruckte Formulare oder vervielfältigte Liedersammlungen enthalten, die beim gemeinsamen Singen an Patienten verteilt werden können.

Bücher über Musik. In der durchschnittlichen Krankenhausbibliothek gibt es relativ wenige Bücher zum Thema Musik oder Geschichte. Dies hängt zum einen vom Budget und zum anderen von der Nachfrage ab. Die Hinzufügung eines Musikassistenten zum Personal eines Krankenhauses erhöht in der Regel die Nachfrage. Der Musikberater sollte bezüglich der Bücher konsultiert werden, die seiner Meinung nach für Patienten attraktiv sind. Es sollten auch Bücher über Musik zur Verfügung stehen, um dem Musikassistenten dabei zu helfen, Kommentare zu der Musik zu verfassen, die er den Patienten vorspielt.

Im Folgenden sind einige Bücher aufgeführt, die zur Aufnahme in die Patientenbibliothek des Krankenhauses empfohlen werden:

- Copland, Aaron – *What to Listen for in Music* , 1939.
- Goss, Madeline – *Unvollendete Sinfonie* , 1941.
- Elson, Arthur – *Musikclubprogramme aus allen Nationen* .
- Erskine, John – *Was ist Musik* , 1944.
- Ewen, David – *Geschichten aus dem Wiener Wald* , 1944.
- Ewen, David – *Gershwins Leben* , 1944.
- Ewen, David – *Men of Popular Music* , 1944.
- Gronowicz, Antoni— *Chopin* , 1943.
- O'Connell, Charles— *Victor Book of Opera* , 1936.
- Taylor, Deems – *Von Männern und Musik* , 1945.
- Taylor, Deems – *Der wohltemperierte Zuhörer* , 1944.
- Siegmeister, Elie – *Handbuch für Musikliebhaber* , 1943.
- Spaeth, Sigmund – *In der Musik zu Hause* , 1945.

Für die kleinen Patienten gibt es die neue Reihe bunt illustrierter Komponistenleben von Bach bis Gershwin von Waldo Mayo, sowie jede Menge alter und guter Titel.

KAPITEL ELF
RICHTUNG

Die Einführung von Musik in Krankenhäusern wird weniger von ihrem erwiesenen Nutzen als Hilfsmittel für die medizinische Praxis abhängen als vielmehr vom Interesse eines Mitarbeiters, der Musik liebt oder ihre Bedeutung für die psychische Gesundheit der Patienten erkennt. Es gibt viele Gründe für das Fehlen von Musik in einigen Krankenhäusern, die für den Musiker schwer zu verstehen sein mögen. Die Einführung eines Musikprogramms in einem Krankenhaus erfordert ein höheres Budget und mehr Platz. Dies sind zwei Punkte, die den Krankenhausdirektor ständig beschäftigen und für die es manchmal keine Lösung gibt. Für Krankenhäuser mit chronischen Erkrankungen muss das Problem gelöst werden. Weitere Nachteile ergeben sich aus der erwarteten Beeinträchtigung medizinischer und pflegerischer Abläufe. Krankenhäuser sind traditionell Oasen der Ruhe, und der uninformierte Krankenhausdirektor oder sein Personal könnten sich eine Umwandlung in einen dreimanövrierten Klangzirkus vorstellen. Der Fortschritt der Musik in Krankenhäusern wird weitgehend vom Einfallsreichtum und der Intelligenz bestehender Organisationen und den Beispielen abhängen, die sie zukünftigen Krankenhäusern geben können.

Das Musikprogramm eines Krankenhauses muss nicht unbedingt von einem Musiker geleitet werden, eine ausgebildete Person ist jedoch am wünschenswertesten. Es gibt Menschen mit einer intensiven Liebe zur Musik und einem so umfassenden Verständnis ihrer vielen Bereiche, dass sie möglicherweise in der Lage sind, ein Krankenhausprogramm zu leiten, obwohl sie kein Instrument spielen können. In manchen Institutionen wurde die Musik von Freiwilligen geleitet, was sowohl für Personal als auch für Patienten eine große Zufriedenheit darstellte, aber wir befinden uns in einem Zeitalter der Spezialisierung, und ein bezahlter, ausgebildeter Musiker wird in der Regel sein Gehalt an Effizienz, Zuverlässigkeit und Kontrolle wert sein.

DIREKTOR

Musik für Patienten unterscheidet sich von Musik für den Brunnen. Der durchschnittliche Musiker ist nicht in der Lage zu entscheiden, welche Patienten Musik hören sollten und welche nicht. Es gibt zu viele wohlmeinende Musiker, die ein oder zwei persönliche Erfahrungen gemacht oder von anderen gehört haben, bei denen die Bemühungen des Musikers durch scheinbare Wunder geistiger Reaktion belohnt wurden. Musiker sind nicht in der Lage, solche Veränderungen einzuschätzen, und sie machen sich auch nicht die Mühe, den Zustand des Patienten eine Stunde oder einen Tag nach dieser persönlichen Belastung wiederzugeben. Musiker müssen eine ärztliche Leitung haben. Der ärztliche Musikdirektor muss kein ausgebildeter Musiker sein, sollte aber mit den meisten Musikformen, die für die meisten Patienten Anklang finden, allgemein vertraut sein. Seine wichtigste Qualifikation wird die Fähigkeit sein, über persönliche Vorurteile des Musikgeschmacks hinwegzukommen. Er muss erkennen, dass der Musikgeschmack ebenso unterschiedlich sein kann wie der individuelle Appetit auf unterschiedliche Nahrungsmittel, und sich frei fühlen, Musik zu bestellen, so wie er es auch mit Essen für Patienten tun würde. Es wird seine Pflicht sein, Quantität, Qualität, Dauer und Intervalle der Musik vorzuschreiben ; Musik für Gereizte, bestimmte postoperative Patienten, akut Kranke und alle anderen, für die Musik seiner Meinung nach falsch ist, zu kontraindizieren. Es wird für ihn notwendig sein, die Patienten vor möglichen musikalischen Launen, Hobbys, Überzeugungen oder übermäßiger Begeisterung des musikalischen Helfers zu schützen.

Der Direktor sollte aus ehrenamtlichen Mitarbeitern ausgewählt werden. Eine anderweitige Wahl des ärztlichen Musikdirektors bedeutet eine Beeinträchtigung des Musikprogramms. Er muss ein Arzt sein, der die Zeit hat oder sich die Zeit nehmen kann, seine Aufgabe angemessen zu erfüllen. Zu Beginn sollte der Leiter tägliche Besprechungen mit dem leitenden Musikassistenten abhalten, in denen er nicht nur die gewünschten Verfahren erläutert, sondern auch den Musiker bei der Arbeit mit den Patienten beobachtet.

MUSIKASSISTENT

Es gibt erhebliche Meinungsverschiedenheiten darüber, welcher Titel für die Person, die im Krankenhaus Musik leitet, am wünschenswertesten ist. Der Begriff „Musiktherapeut" impliziert eine Ausbildung nicht nur in Musik, sondern auch in Behandlung. Der Beschäftigungstherapeut hat eine Ausbildung nicht nur in Handwerk, sondern auch in grundlegenden medizinischen Fächern, Psychologie und einigen klinischen Fächern absolviert. Bis Musiker ähnliche Kurse an akkreditierten Schulen belegen können, scheint ein anderer Titel sinnvoller. In einigen Krankenhäusern werden die Mitarbeiter als Freizeithelfer bezeichnet, aber diese Personen leiten auch andere Freizeitaktivitäten. Es scheint kleinlich, über die Terminologie zu streiten, aber der Musikmitarbeiter im Krankenhaus muss einen Namen haben, und es ist schwer vorstellbar, dass jemand etwas an der Bezeichnung „Musikhelfer" für diejenigen auszusetzen hätte, die den Patienten Musik beibringen.

Ein Musikassistent kann jeden Geschlechts und jeden Alters sein. Die Wahl hängt nicht nur davon ab, was vor Ort verfügbar ist, sondern auch von Überlegungen wie den beteiligten Persönlichkeiten und persönlichen Empfehlungen. Wenn keine Intelligenz eingesetzt wird, wird das Programm scheitern, weil der leitende Musikassistent der Grundpfeiler der gesamten Struktur ist. Für ein Kinderkrankenhaus wäre eine Frau, die Kinder großgezogen hat, am besten geeignet. Der Kinderbetreuer sollte singen und Klavier spielen können. Sie sollte auch in der Lage sein, mit Kindern Musikspiele zu spielen.

In einem Krankenhaus für junge Erwachsene, beispielsweise einem durchschnittlichen Krankenhaus für Tuberkulosepatienten, verfügt eine junge Frau zwischen dreißig und vierzig über die Energie, den Antrieb und den Geist, um den Anforderungen und dem zeitgenössischen Geschmack der von ihr betreuten Patienten gerecht zu werden. Der Hilfsassistent für diese Art von Arbeit sollte außerdem in der Lage sein, Gruppen- und Messgesänge zu leiten und ein Instrument zu spielen. Die Fähigkeit, ein zweites Instrument zu spielen oder es zu unterrichten, ist von großem Wert.

Für die psychiatrische Klinik sollte ein Pfleger reif, geduldig und gut informiert sein und den Drang, aber nicht die vorgefasste Meinung haben, mit dem psychiatrischen Patienten umzugehen. Für die Klinik, in der ältere oder andere chronische Patienten behandelt werden, ist ein älterer Mann oder eine ältere Frau wünschenswert.

Für jeden Hilfsassistenten ist es wünschenswert, dass er über eine formelle Musikausbildung verfügt. Am wünschenswertesten ist ein Absolvent eines Musikkonservatoriums oder einer Hochschule, die Musik als Hauptfach anbietet. Der Musikassistent sollte mindestens ein Instrument spielen, vorzugsweise Klavier. Wenn das Krankenhausbudget zusätzliche Musikhelfer zulässt, sollte jeder nachfolgende ein anderes Instrument beherrschen. Der Helfer sollte in der Lage sein, vom Blatt zu musizieren und mit einer akzeptablen Stimme zu singen. Die Hauptqualifikation sollte das Fehlen eines „künstlerischen Temperaments" sein. Patienten werden zur medizinischen Versorgung in ein Krankenhaus eingeliefert, nicht um musikalische Kenntnisse zu erlangen. Der Berater sollte sie nicht als Musikstudenten betrachten. Musik sollte ihnen mit Geduld und ohne übermäßige Emotionen gegeben werden. Wenn Musik eine deutliche mentale Reaktion hervorruft, kann das von Vorteil sein, aber es sollte die Musik und nicht der Musiker sein, die solche Reaktionen hervorruft. Vorkenntnisse im Musikunterricht sind für den Musikassistenten von großem Wert.

Die Aufgaben des Musikassistenten variieren je nach Anzahl und Art der Patienten. In Krankenhäusern mit einer großen Anzahl ambulanter Patienten wird der Schwerpunkt auf Gruppenaktivitäten gelegt. In Krankenhäusern, in denen Kinder vorherrschen, wird Musik hauptsächlich als Ablenkung bei Spielen, Tanzen und anderen körperlichen Aktivitäten namens „Rhythmen" eingesetzt, was eine Weiterentwicklung der Eurythmik darstellt.

Unter der Aufsicht des ärztlichen Leiters sollte der Musikassistent einen konkreten Zeitplan für die musikalischen Aktivitäten aufstellen und diesen einhalten. Dies erfordert viel Vorbereitung und die besten Stunden für die Vorbereitungsarbeit sind diejenigen, in denen sich die Patienten ausruhen, schlafen oder aktive medizinische und pflegerische Betreuung erhalten. Die Vorbereitung umfasst die Pflege und Katalogisierung der Instrumente und der medizinischen Bibliothek; Tabellierung von Patientenanfragen nach Unterricht, Büchern und Aufzeichnungen; Programmierung von Konzerten, Gemeindeliedern und der Beschallungsanlage; Korrespondenz mit Musikern und Musikgruppen in der Gemeinde; Bestellung von Ausrüstung und Musik; und Terminplanung.

Der Zeitplan sollte so gestaltet sein, dass er in den Krankenhausalltag passt. Die erste Stunde des Tages sollte für vorbereitende Aktivitäten reserviert sein. Von neun bis zehn kann individueller Musikunterricht erteilt werden. Um zehn kann der Musikwagen bis zur Essenszeit auf die Stationen gebracht werden. Nach der Essenszeit kann sich der Pfleger auf die Stationsbesuche am Nachmittag vorbereiten. Aktivitäten im Freizeitraum oder im Hörsaal können für die Zeit von zwei bis drei eingeplant werden. Drei bis halb fünf können für die Unterhaltung auf der Station genutzt werden, entweder mit dem Musikwagen oder mit tragbaren Instrumenten. An ein oder zwei Abenden pro Woche kann eine Stunde oder mehr für das Krankenhauskonzert oder eine Stunde zum Musikgenuss reserviert werden.

AUSBILDUNG

Zurzeit bietet keine anerkannte Musik- oder Medizinschule einen vollständigen Studiengang an, der zu einem Abschluss in Musik in der Medizin oder einem Hauptfach in diesem Fach führt. Man geht davon aus, dass die Nachfrage irgendwann dazu führen wird, dass ein solcher Studiengang an einer Musikhochschule angeboten wird, wo er hingehört. Die Musikschule muss eine Verbindung zu einer medizinischen Hochschule oder einer Schule für Beschäftigungstherapie herstellen, und dies wird den Unterricht auf jene Städte beschränken, in denen erstklassige Einrichtungen beider Arten zu finden sind. Es gibt mindestens zehn Städte in den gesamten Vereinigten Staaten, in denen diese glückliche Kombination zu finden ist, aber es besteht kaum Bedarf für mehr als sechs.

Bewerber sollten von einem Vertreter der medizinischen und der Musikfakultät interviewt werden. Ein geplanter Lehrplan wird wie folgt vorgeschlagen:

Erstes Jahr

Klavier	8 Credits
Solfeggio	5 Credits
Kontrapunkt	2 Credits
Harmonie	2 Credits
Englisch	6 Credits
Geschichte der Medizin	1 Kredit

Zweites Jahr

Klavier	4 Credits
Solfeggio	2 Credits
Harmonie	2 Credits
Kontrapunkt	2 Credits
Musikgeschichte	4 Credits
Pflegeanatomie	6 Credits

Drittes Jahr

Geige	4 Credits
Harmonie	4 Credits
Musikalische Form	4 Credits
Physik	6 Credits
Physiologie	2 Credits
Kinesiologie	2 Credits
Psychologie	4 Credits
Dirigieren	2 Credits

Vom Blatt spielen am Klavier	4 Credits
Ensemble	2 Credits

Viertes Jahr

Geige	4 Credits
Chorunterricht	0 Credits
Dirigieren	2 Credits
Zeitgenössische Musik	4 Credits
Beschäftigungstherapie	4 Credits
Musik in der Medizin	6 Credits
Abnormale Psychologie	6 Credits
Orchesterlesung	2 Credits

Es folgt eine kurze Erläuterung der Kurse, die normalerweise nicht an Musikschulen angeboten werden und die an medizinischen oder beruflichen Schulen angeboten werden sollten.

Anatomie für Krankenschwestern. Dies sollte aus einem kurzen Überblick über die Anatomie des menschlichen Körpers mit besonderem Bezug auf Muskeln, Nerven und Gehirn sowie einer kurzen Einführung in die inneren Organe bestehen.

Geschichte der Medizin. Dies wäre ein Orientierungskurs über die Entwicklung der Medizin und der Krankenhäuser.

Physiologie. Besonderes Augenmerk sollte auf die Physiologie des Nervensystems und der Muskulatur gelegt werden.

Psychologie. Die Grundlage dieses Kurses bilden normale Psychologie, einschließlich Laborexperimente in der Psychologie der Musik.

Kinesiologie. Der Standardkurs, wie er in Schulen für Physiotherapie, Ergotherapie und Sportunterricht unterrichtet wird, wäre ausreichend.

Beschäftigungstherapie. Eine Einführung in die Handwerksanalyse und psychiatrische Ergotherapie ist erforderlich.

Abnormale Psychologie. Eine Einführung in die Psychiatrie ist ausreichend.

Musik in der Medizin. Es sollte eine Vorlesungsreihe angeboten werden, die die in diesem Band behandelten Themen umfasst.

Im Sommer zwischen dem dritten und vierten Jahr sollte der Student einem Krankenhaus mit Musikprogramm angehören, um unter dem Krankenhauspersonal zu arbeiten.

Dies sind nur Vorschläge, und jede Schule wird in Absprache mit einer anerkannten medizinischen Hochschule ihren eigenen Zeitplan ausarbeiten wollen. Wir hoffen, dass der obige Überblick eine echte Hilfe sein wird.

LITERATURVERZEICHNIS

[1] Albrecht, W., De effect. mus., Abschn. 314, *in Roger, JL*

[2] Altschuler, I., *Occ. Ther. Rehab.* , 1941, 20:75.

[3] Altschuler, I., *Proc. Mus. Teach. Nat. Assoc.* , 1944, S. 154.

[4] Altschuler, I., und Shebesta, B., *Journ. Nerv. Ment. Dis.* 1941, 94:179.

[5] Ayers, I., *Am. Physik. Ed Rev.* , 1912, 16:321.

[6] Barker, L., *Psychotherapie* , New York, 1940.

[7] Bauer, M. und Peyser, E., *Music Through the Ages* , New York, 1932.

[8] Beaunis, B., „L'Emotion Musicale" , *Rev. Phil.* , 1918, 86:353.

[9] Beckett, W., *Music in War Plants* , Washington, 1943.

[10] Bissell, AD, The Role of Expectation in Music, New Haven, 1921.

[11] Boerhaave, H., Impetum Faciens , *in Roger, JL*

[12] Bowers, CG, *Der junge Jefferson* , New York, 1945.

[13] Brocklesby, R., *Reflections on Antient and Modern Musick* , London, 1749.

[14] Bücher, K., Arbeit und Rhythmus , *in Diserens, CM*

[15] Burney, Charles, *A General History of Music* , Hrsg. von Mercer, F., New York, 1937.

[16] Celsus, AC, *Of Medicine* , Übers. von J. Grieve, London, 1838.

[17] Champlain, Voyages de l'Amerique , *in Roger, JL*

[18] Chomet, H., *Einfluss der Musik auf Gesundheit und Leben* , New York, 1875.

[19] Combarieu, J., *La Musique, Ses Lois, Son Evolution* , Paris, 1907.

[20] Damon, KF, Programmnotizen für den Musikhörer, New York, 1933.

[21] Densmore, Frances, *Amerikanische Indianer und ihre Musik* , New York, 1926.

[22] Densmore, Frances, *Teton Sioux Music* , Bull. 61, Smithsonian Inst., Washington, DC

[23] Desault, P., Methode für den Erhalt der Wut , *in Roger, JL*

[24] Diserens, CM, *Einfluss von Musik auf das Verhalten* , Princeton, 1926.

[25] D'Olivet, F., *La Musique* , Paris, 1896.

[26] Dunlap, K., Rhythm and the Specious Present, *J. Phil. Psychol. und Wissenschaft. Methode* , 1911, 8:348.

[27] Dupre, E. und Nathan, M., *Le Language Musical* , Paris, 1911.

[28] Eastcott, Richard, Sketches of the Origin, Progress and Effects of Music, Bath, 1748.

[29] Eby, J., *Occ. Dort. Reha.* , 1943, 22:31.

[30] Galton, F., Untersuchungen zur menschlichen Fakultät und ihrer Entwicklung, London, 1883.

[31] Gaston, E., *Music Educ.* , 1945, 31:24.

[32] Gatewood, E., *Am. J. Surg.* , 1921, 35:47.

[33] Gatewood, E., *J. App. Psychol.* , 1921, 5:350.

[34] Gehring, A., *Basis of Musical Pleasure* , New York, 1910.

[35] Gilman, B., Report on an Experimental Test of Musical Expressiveness, *Amer. J. Psychol.* , 1892, 4:42.

[36] Gray, C., Contingencies, *The Music Review* , November 1944.

[37] Gruner, OC, *The Canon of Medicine of Avicenna* , London, 1930.

[38] Gundlach, R., Eine Analyse einiger musikalischer Faktoren, die die Stimmungsmerkmale von Musik bestimmen, *Psychol. Stier.* , 1934, 31:592.

[39] Gundlach, R., Eine quantitative Analyse indischer Musik, *Am. J. Psychol.* , 1932, 44:133.

[40] Gurney, E., *The Power of Sound* , London, 1880.

[41] Hanson, H., Some Objective Studies of Rhythm in Music, *Am. J. Psychiatry* , November 1944, 101:364.

[42] Hanson, H., Der Standpunkt des Musikers zum emotionalen Ausdruck, *Am. J. Psychiatry* , Nov. 1942, 99:317.

[43] Harrington, A., Ment. Hyg., 1939, 23:601.

[44] Hauptman, M., Die Natur de Harmonik , *in Helmholtz, HLF*

[45] Heinlein, CP, Die affektiven Charaktere des Dur- und Moll-Tonleiters in der Musik, *J. Comp. Psychol.* , 1928, 8:101.

[46] Helmholtz, HLF, *The Sensations of Tone* , London, 1875.

[47] Hevner, K., Der affektive Charakter der Dur- und Moll-Tonarten in der Musik, *Am. J. Psychol.* , 1935, 47:103.

[48] Hevner, K., Der affektive Wert von Tonhöhe und Tempo in der Musik, *Amer. J. Psychol.* , 1937, 49:621.

[49] Hulbert, H., *Eurthym.* , London, 1921.

[50] Jacobson, E., Elektrophysiologie geistiger Aktivitäten, *Am. J. Psychol.* , 1932, 44:677.

[51] Johnson, M., *Nat. Ed. Ass. Journ.* , 1905, 45:940.

[52] Kawarski, T., und Odbert, H., Color Music, *Psychol. Monographs* , 1938, Nr. 50.

[53] Kirschner, M., Musik und Operation , *Der Chirurg* , 1936, 11:429.

[54] Kraines, S., *Die Therapie von Neurosen und Psychosen* , Phila., 1943.

[55] Lee, V., *Music and Its Lovers* , London, 1930.

[56] Levine, M., *Psychotherapie in der medizinischen Praxis* , New York, 1942.

[57] Ligeros, KA, *Wie antike Heilmethoden die moderne Therapie bestimmen* , New York, 1937.

[58] Meibomius, M., *Antiquae Musicae Auctores* , Lib. IX, Amstelodami, 1652.

[59] Mueller, J. und Hevner, K., Trends in Musical Taste, *Indiana U. Public.* , 1942, Nr. 8.

[60] Mursell, JL, *Psychology of Music* , New York, 1937.

[61] Nollet, JA, *Recherches sur les Causes Particulieres des Phenomènes Electriques* , Paris, 1749, p. 33.

[62] Noyes, AP, *Modern Clinical Psychiatry* , Phila., 1944.

[63] *Das Alte Testament* , 1. Samuel, Kap. 16, Vers 23.

[64] Ortmann, Otto, *The Physiologic Mechanics of Piano Technique* , London, 1929.

[65] Pearson, Hesketh, *GBS* , New York, 1942.

[66] Pierce, A., *Med. Stier. Tierarzt. Adm.* , 1934, 21:142.

[67] Porta, JB, Magia natural. , *in Roger, JL*

[68] Rameau, JP, *Traité de l'harmonie* , Paris, 1722.

[69] Reade, W., African Sketch Book, *in Diserens.*

[70] Roger, JL, *Effects de le Musique* , Paris, 1803.

[71] Schoen, M., *Die Wirkungen der Musik* , London, 1927.

[72] Schoen, M., *Die Psychologie der Musik* , New York, 1940.

[73] Seashore, K., *Psychology of Music* , New York, 1938.

[74] Tarchanoff, I, *Arch. Italien de Biol.* , 26:313.

[75] Thorndike, L., *A History of Magic* , Bd. 2, New York, 1923.

[76] Valentine, C., The Aesthetic Appreciation of Musical Intervals Among Children and Adults, *Brit. J. Psychol.* , 1944, 6:190.

[77] Vernon, PE, Auditive Perception, *Brit. J. Psychol.* , 1934, 25:123.

[78] Vescelius, E., *Music and Health* , New York, 1927.

[79] Wallaschek, R., *Primitive Music* , London, 1893.

[80] Wedge, G., *Keyboard Harmony* , New York, 1924.

[81] Willis, T., *Cerebri Anatome Nervorumque* , cap. XVII, Amstelodami, 1664.